"四个走在全国前列"系列学习读本

内外联动

在形成全面开放新格局上走在全国前列

广东省社会科学院 编

SPM
南方出版传媒
广东人民出版社
·广州·

图书在版编目（CIP）数据

内外联动：在形成全面开放新格局上走在全国前列 /广东省社会科学院编. —广州：广东人民出版社，2018. 9
（“四个走在全国前列”系列学习读本）
ISBN 978-7-218-12991-4

Ⅰ. ①内… Ⅱ. ①广… Ⅲ. ①区域经济发展—研究—广东 Ⅳ. ①F127. 65

中国版本图书馆 CIP 数据核字（2018）第 133921 号

NEIWAI LIANDONG——ZAI XINGCHENG QUANMIAN KAIFANG XIN GEJU SHANG ZOU ZAI QUANGUO QIANLIE

内外联动——在形成全面开放新格局上走在全国前列

广东省社会科学院 编

出 版 人： 肖风华

选题策划： 钟永宁
责任编辑： 卢雪华 曾玉寒 廖智聪 伍茗欣
封面设计： 李桢涛
责任技编： 周 杰 吴彦斌

出版发行： 广东人民出版社
地 址： 广州市大沙头四马路 10 号（邮政编码：510102）
电 话：（020）83798714（总编室）
传 真：（020）83780199
网 址： http://www.gdpph.com
印 刷： 广东新华印刷有限公司
开 本： 787mm×1092mm 1/16
印 张： 14.75 **插 页：** 1 **字 数：** 220 千
版 次： 2018 年 9 月第 1 版 2018 年 9 月第 1 次印刷
定 价： 38.00 元

如发现印装质量问题，影响阅读，请与出版社（020-83795749）**联系调换。**
售书热线：（020）83795240

编委会

总 序

王 珺

2018 年 3 月 7 日，习近平总书记参加十三届全国人大一次会议广东代表团审议并发表重要讲话，要求广东要在构建推动经济高质量发展的体制机制、建设现代化经济体系、形成全面开放新格局和营造共建共治共享社会治理格局上走在全国前列。这是习近平总书记在新时代赋予广东的新使命和新担当，体现了对广东未来发展的战略定位和科学谋划，以及对广东这片热土的殷殷重托与深深期盼。

近代以来广东屡开风气之先，为中国革命、建设、改革作出了重要贡献。特别是近 40 年来，广东作为中国改革开放的排头兵、先行地、实验区，在全国率先迈出了改革开放的第一步，为改革开放破题开局，实现以开放促改革，以改革开放促发展，并一路领先发展。广东连续 29 年经济总量全国第一，并为推动全国改革开放积累了经验、作出了示范、提供了借鉴，为党的实践创新和理论创新提供了丰富鲜活的实践经验。

当前，中国特色社会主义事业进入了新时代，中华民族迎来了从站起来、富起来到强起来的伟大飞跃。同时，我国社会主要矛盾已经转化为人民日益增长的美好生活需要和不平衡不充分的发展之间的矛盾，这个关系全局的历史性变化，对党和国家工作提出了许多新挑战和新要求。

广东发展也站到了新的历史起点上。“一带一路”建设、自贸区建设、粤港澳大湾区建设等给广东发展带来重大机遇。同时，作为改革开放先行地，发展不平衡不充分的矛盾在广东表现得更为突出，被过往经济高速发展所掩盖的一系列深层次问题日益突显。改革解决了旧矛盾，也迎来了新问题，体制机制、发展理念、发展路径、发展动力等还未能完全适应新时代高质量发展的要求，广东未来发展要应对的新困难、新挑战依然复杂严峻。

习近平总书记对广东提出“四个走在全国前列”的要求，为广东新时代发展指明了前进方向、提供了根本遵循。“四个走在全国前列”与广东在改革开放 40 年征程上“先行先试”的角色和使命，既一脉相承，又与时俱进。“四个走在全国前列”所共同指向的，既是广东必须破解的瓶颈性问题，也是党中央高度关注并迫切需要解决的全局性问题；既是关系我国经济社会发展的重大现实问题，也是关系中华民族长远发展的重大理论问题。率先探索和解决这些问题，广东责无旁贷。习近平总书记以重要讲话为广东开创工作新局面、在新时代继续走在全国前列指明了方向，广东关键是要深刻学习领会，把握精神实质，抓好贯彻落实。

今年 6 月召开的中共广东省委十二届四次全会，就进一步深化学习贯彻习近平新时代中国特色社会主义思想和党的十九大精神、认真落实习近平总书记参加十三届全国人大一次会议广东代表团审议时重要讲话精神、推动工作落实进行全面部署。广东省社会科学院积极贯彻落实中共广东省委十二届四次全会精神，以及省委提出的“社科理论界要围绕干部群众学习贯彻过程中提出的热点难点问题进行解读、辅导”的要求，以习近平新时代中国特色社会主义思想为指导，坚持理论联系实际，坚持国家战略与地方发展相结合，坚持新型智库建设与服务大局相结合，提早部署，率先行动，迅速组织撰写《“四个走在全国前列”系列学习读本》丛书。丛书共四本：《跨越关口——在构建推动经济高质量发展的体制机制上走在全国前列》《引领潮流——在建设现代化经济体系上走在全国前列》《内外联动——在形成全面开放新格局上走在全国前列》《长治久安——在营造共建共治共享社会治理格局上走在全国前列》。丛书力求深入浅出地阐释习近平总书记重要讲话的丰富内涵、精神实质和实践要求，重点围绕“四个走在全国前列”，讲清楚习近平总书记对广东提出了什么新要求，广东目前的条件怎么样，下一步应该怎么办，并以链接方式，解释相关名词术语（关键词），介绍成功个案和经验做法。丛书作为具有一定理论概括又通俗易懂的学习读本，既为广大干部群众解答学习贯彻中的热点难点问题，又对广东如何发挥优势、弥补不足、探索新经验、实现新作为，努力走在全国前列，进行了具有积极意义的理论探索。希望能够通过丛书的编撰出版，对推动习近平新时代中国特色社会主义思想在广东大地落地生根、结出丰硕成果贡献一点智慧与力量。

2018 年 8 月

（王珺，广东省社会科学院党组副书记、院长）

目 录

绪言

为何广东要在形成全面开放新格局上走在全国前列

走过40年改革开放历程的中国，正处在对外开放的新起点上。“中国开放的大门不会关闭，只会越开越大”“推动形成全面开放新格局”，党的十九大报告的部署掷地有声。时代大潮滚滚向前，殷殷嘱托照亮征程。2018年3月7日，习近平总书记在参加十三届全国人大一次会议广东代表团审议时发表重要讲话，希望广东在形成全面开放新格局上走在全国前列，为广东适应经济全球化新形势、加快形成参与国际竞争合作新优势指明了方向。面向未来，广东正在大力推进粤港澳大湾区建设，深化广东自贸区制度创新，加快构建开放型经济新体制，以高水平开放推动高质量发展。[①] 增创开放新优势，打造开放新格局，新时代广东进一步扩大对外开放的号角已经吹响。

（一）开放不止步

2012年在深圳，习近平总书记提出“改革不停顿、开放不止步”，开启了中国对外开放的新征程。习近平总书记把开放作为新发展理念的重要内容之一，推动更高层次的对外开放，世界也在中国对外开放中受益。在国际场合，习近平总书记不断亮明中国对外开放的鲜明态度，“中国对外开放不会停滞，更不会走回头路。”面对不利于世界开放交流的逆全球

① 肖文舸、苏力、曹斯、骆骁骅：《对外开放 把握机遇形成全面开放新格局》，《南方日报》2018年3月8日。

化思潮，习近平总书记发出时代强音，“搞保护主义如同把自己关进黑屋子”。针对外界对中国开放的疑虑，习近平总书记坦诚地回应“中国对外开放，不是要一家唱独角戏，而是要欢迎各方共同参与”。中国正在以前所未有的开放姿态拥抱世界。

1. 党的十八大以来习近平新时代中国特色社会主义思想指引开放型经济建设取得巨大成就

党的十八大以来，习近平新时代中国特色社会主义思想为我们进一步解放思想、大胆实践、扩大开放提供了强大的理论武器和科学指南。

在习近平新时代中国特色社会主义思想指引下，党的十八大以来，我国开放型经济发展取得巨大成就。我国贸易大国地位不断巩固，连续5年保持世界第一货物贸易大国地位，已经成为世界第二服务贸易大国和服务外包接包国。先进技术设备大量引进、高端产品出口快速增加，对国民经济提质增效升级发挥了重要作用。我国引进外资已连续26年居发展中国家首位，跨国公司在华研发中心超过2400家。外资企业数量不到全国企业总数的3%，却创造了近一半的对外贸易额和1/5的财政税收。走出去配置全球资源能力不断增强，2016年起，我国对外投资流量已跃居世界第二位，成为真正意义上的净资本输出国。产业国际布局加快，一批钢铁、水泥、有色、汽车、机械、纺织、化工等领军企业在境外建设生产基地，带动了我国装备、技术、标准和服务走出去。一大批电子商务企业创新商业模式、拓展流通渠道，成长为立足全国、辐射全球的新型跨国公司。

党的十八大以来，我国积极开展经济外交，全球经济治理话语权得到明显提升。我国发起的“一带一路”倡议，得到了国际社会的高度赞誉和热烈反响。举办中国国际进口博览会，为世界各国构建了互利合作平台。发挥经贸合作对双边关系的“压舱石”和“推进器”作用。中美经贸关系稳步披荆前行，中欧全面战略伙伴关系不断深入，中俄务实合作取得积极进展，与周边国家经贸合作更加深入，与发展中国家经贸联系更加紧密。主办第七届金砖国家经贸部长会议，推进金砖国家经贸合作机制化系统化实心化。二十国集团杭州峰会成功将“中国方案”转变为成员的共同行动，取得重大经贸成果。坚定维护多边贸易体制主渠道地位，推动亚太经合组织留下“中国印记”。中国瑞士、中国澳大利亚、中国韩国自贸协定的达成并实施拓展了我国外向型经济的发展空间。

不忘奋斗初心，砥砺崭新征程。党的十八大以来我国开放型经济之所以不断取得新成绩、开创新局面，根本就在于以习近平同志为核心的党中央的坚强领导，在于习近平新时代中国特色社会主义思想的科学指导。①

2. 党的十九大以来习近平总书记和党中央对全面开放战略的新部署

党的十九大报告指出，开放带来进步，封闭必然落后。在经济全球化深入发展的大背景下，中华民族伟大复兴和社

---

① 中共商务部党组：《党的十八大以来我国开放型经济水平全面提升》，《求是》2017 年第 20 期。

会主义现代化强国建设，必须继续坚持对外开放的基本国策，并且在新时代赋予对外开放新的内涵和范畴——推动形成全面开放的新格局。坚持开放发展，是过去40年中国创造世界经济奇迹的重要法宝，也是习近平总书记提出的新发展理念的核心内涵之一。推动形成全面开放新格局，是新的历史条件下实现中华民族伟大复兴重大使命的基本要求，是决胜全面建成小康社会、实现“两个一百年”奋斗目标，开启全面建设社会主义现代化强国新征程，迈向富强民主文明和谐美丽的社会主义现代化强国基本方略的重要支撑。

形成全面开放新格局，是以习近平同志为核心的党中央顺应世界政治多极化、经济全球化、文化多样化和社会信息化发展的潮流，密切结合中国特色社会主义建设的实际，特别是中华民族伟大复兴新征程的需要，提出的构建中国与世界新型互动关系的一个新方略。

（1）中国作为世界大国，对世界将展示更加开放的姿态。

党的十九大报告提出，中国坚持对外开放的基本国策，坚持打开国门搞建设。一方面是国内市场的开放质量水平将更高，贸易和投资将更加自由化便利化；另一方面是中国倡导的“一带一路”建设，也是开放的国际合作舞台。“一带一路”倡议，就是号召世界各国和中国一道，共同建设地球人的美好家园，正所谓“众人拾柴火焰高”，这为世界开创了共同发展的新选择、新道路和新动力。

（2）中国需要世界形成一个对中国更加开放的外部环境。

2008年以来，世界经济曲折复苏，增长动力严重不足。面对这种情况，一些传统大国大兴贸易保护主义，以自我为中心设置重重壁垒，增加投资限制性措施，严重阻碍了世界投资和国际贸易，进而遏制了世界经济发展。站在新的历史转折点上，中国比历史上任何时期都更加接近实现中华民族伟大复兴的目标，比历史上任何时期都更加需要打开国门搞建设，同样也比历史上任何时期都需要一个更加开放的世界经济环境。因此，推动形成全面开放的新格局，中国将更加主动参与和推动经济全球化进程，坚定支持多边贸易体制，同时参与区域合作和自由贸易区建设，以中国方案、中国行动推动开放型世界经济建设。与世界各国同舟共济，促进贸易和投资自由化便利化，推动经济全球化朝着更加开放、包容、普惠、平衡、共赢的方向发展。①

（3）中国和世界共同发展，形成命运共同体。

“互联网真正让世界变成了地球村，让国际社会越来越成为你中有我、我中有你的命运共同体”，各国利益和命运从未像今天这样紧密联系，牵一发而动全身，一荣俱荣、一损俱损。地球如此之大，足以容下多方利益；地球如此之小，再经不起更多折腾。世界各国、各民族构成了人类命运共同体，整个人类又与自然生态系统构成了生命共同体，生态文明建设关乎人类未来，国际社会必须携手同行。习近平总书记强调：“我们看世界，不能被乱花迷眼，也不能被浮云遮眼，而要端起历史规律的望远镜去细心观望。”我们认清一个道理：任何国家都不可能独善其身，也没有哪个国家可以包打天下。唯有以“大道之行也，天下为公”的胸襟，“穷则变，变则通”的眼光，才能正确把握时代脉搏，提出解决方案。

---

① 邢厚媛：《全面开放新格局路径与动力》，《瞭望》2017年第44期。

（二）大时代需大格局

中国特色社会主义进入新时代，这是奋力实现中华民族伟大复兴中国梦的时代，是我国日益走近世界舞台中央、不断为人类作出更大贡献的时代。大时代需要大格局、大智慧。当前，世界正处在一个迷茫的十字路口，全球在困惑中难以抉择，挑战层出不穷。全球经济增长乏力、贸易保护主义盛行、贫富差距日益拉大、民粹主义泛滥、国际安全威胁日趋多样、生态危机更加突出。西方国家主导的全球治理体系已经难以适应时代的要求，和平赤字、发展赤字、治理赤字越来越大，迫切需要推动全球治理体系朝着公平公正方向变革。世界需要中国，中国也需要世界。人类命运共同体下的全面开放新格局就是在地球村语境下，针对“世界怎么了、我们怎么办”这一时代命题的中国方案。

1. 深刻认识我国对外开放面临的新形势

当前，世界正处于大发展大变革大调整时期，我国经济正处在转变发展方式、优化经济结构、转换增长动力的攻关期，对外开放面临的国内外形势正在发生深刻复杂的变化，机遇前所未有，挑战前所未有，机遇大于挑战。

（1）新旧动能转换成为世界经济复苏繁荣的关键。

国际金融危机爆发以来，深层次影响持续显现，世界经济复苏艰难曲折，全球贸易增速连续 5 年（2013—2017）低于世界经济增速，跨国投资尚未恢复到危机前水平。近期，世界经济呈现回暖向好态势，全球贸易和投资回升，国际金融市场总体稳定，新一轮科技革命和产业变革蓄势待发，新产业、新技术、新业态层出不穷。但世界经济尚未走出亚健康和弱增长的调整期，深层次结构性矛盾并未有效解决，新的增长动力仍未形成，潜在增长率不升反降，不确定因素较多。

（2）更趋平衡成为国际力量对比的走势。

世界经济格局深度调整，新兴市场和发展中国家群体性崛起，国际力量“东升西降”“南升北降”态势更加明显。新兴市场和发展中国家对世界经济增长的贡献率达 80%，金砖五国占全球经济的比重达 22.4%。2013 年至今，中国对世界经济增长的贡献率保持在 30% 以上，在全球经济治理体系中的制度性话语权显著提升。与此同时，随着我国日益走近世界舞台中央，国际社会希望中国在国际事务中发挥更大作用、在应对全球性挑战中承担更多责任。如何扮演好新的国际角色，承担与自身发展阶段相适应的责任，是不容回避的重要课题。

（3）在曲折中深入发展成为经济全球化的特征。

以贸易和投资自由化便利化为代表的经济全球化，促进了世界和平、稳定和繁荣，符合世界各国的共同利益，代表了人类文明发展的方向。经济全球化从来不是一帆风顺，而是在曲折中向前发展的。近年来，世界经济疲弱，发展失衡、治理困境、公平赤字等问题更加突出，反全球化思潮涌动，保护主义和内顾倾向有所上升，给世界经济贸易发展蒙上了阴影。经济全球化是时代大潮，深入发展的大势不可逆转，但速度可能有所放缓、动力可能有所转换、规则可能有所改变。如何更好适应和引导经济全球化，推动经济全球化朝着更加开放、包容、普惠、平衡、共赢的方向发展，是中国与世界各国的共同责任。

（4）加快培育竞争新优势成为我国开放型经济的发展方向。

我国经济发展进入新常态，劳动力成本持续攀升，资源约束日益趋紧，环境承载能力接近上限，开放型经济传统竞争优势受到削弱，传统发展模式遭遇瓶颈。但也要看到，我国人力资源丰富、市场规模庞大、基础设施比较完善、产业配套齐全，创新发展的制度环境和政策环境不断完善，开放型经济仍然具备综合竞争优势。在严峻复杂的国内外环境倒逼下，我国加工贸易加快转型升级，服务贸易持续快速发展，外贸新产品、新业态、新模式不断涌现，企业国际化经营能力明显增强，在国际分工中的地位逐步提升。如何因势利导、乘势而上，推动开放型经济加快由要素驱动向创新驱动转变，由规模速度型向质量效益型转变，由成本、价格优势为主向以技术、标准、品牌、质量、服务为核心的综合竞争优势转变，从而实现质量变革、效率变革、动力变革，是对外开放工作必须把握的主攻方向。①

2. 准确把握全面开放新格局的“新”内涵

习近平总书记在党的十九大报告中指出：“推动形成全面开放新格局。”这就指明了中国特色社会主义新时代我国对外

---

① 汪洋：《推动形成全面开放新格局》，《人民日报》2017 年 11 月 10 日。

开放的前进方向。新格局的深刻内涵主要“新”在以下五个方面。

第一，“新”在突出以“一带一路”建设为重点上。“一带一路”建设是我国在新的历史条件下实行全方位对外开放的重大举措、推行互利共赢的重要平台。“一带一路”从理念转化为行动，从愿景转变为现实，取得丰硕的建设成果。2017年5月，首届“一带一路”国际合作高峰论坛的成功举办，为推动各国共商合作发展大计奠定了基础。在新的历史起点上，要以此为引领，以更高的站位、更广的视野进一步推进更大范围、更高水平、更深层次的新一轮大开放、大交流、大融合，携手构建务实进取、包容互鉴、开放创新、共谋发展的“一带一路”互利合作网络。

第二，“新”在拓展对外贸易强调培育贸易新业态新模式上。经过改革开放40年来的发展，我国货物出口规模全球领先，服务贸易规模位居全球第二，已成为名副其实的贸易大国。在国际环境和国内发展条件都发生重大变化的历史背景下，如何保持我国外贸传统优势、加快培育竞争新优势，是事关我国发展全局的重大问题。新形势下，要坚持创新引领，大力支持跨境电商、市场采购贸易、外贸综合服务企业加快成长，鼓励更多优势服务出口，促进服务贸易创新发展，支持创新型、创业型中小企业发展，不断激发外贸增长的新动力，实现外贸发展由大到强。

第三，“新”在要求坚持引进来和走出去并重上。引进来和走出去是推进双向开放的重要载体。目前，我国已成为双向投资大国。新形势下，坚持引进来和走出去并重，既要鼓励有实力的企业走出去，更要充分认识外商投资在推进供给侧结构性改革、实现经济向更高形态发展中的重要作用，努力通过进一步扩大市场开放、优化营商环境、强化外商权益保护等途径，增强我国的国际引资竞争力，吸引更多优质的外国投资者参与我国建设。要实行高水平的贸易和投资自由化便利化政策，进一步挖掘双向投资潜力，促进要素自由流动、资源高效配置和市场深度融合，为我国经济提质增效发挥更大作用。

第四，“新”在创新对外投资方式上。近年来，我国对外投资较快发展，已跃升为全球第二大对外投资国。新形势下，应牢牢坚持走出去服务实体经济的大方向，鼓励更多企业创新对外投资合作方式，主动对接国际高端要素，积极构建有利于整合全球资源的价值链、供应链、物流链，增强统筹国际国内两个市场、两种资源的能力，做强做大我国参与经济全球化的市场主体。要积极促进国际产能合作，坚持建设、运营一体化，带动中国技术、中国标准、中国服务走出去，促进国内产业升级，提升实体经济发展腾挪的空间。

第五，“新”在优化区域开放布局上。一直以来，相对于东部沿海地区等开放高地，我国广大的西部地区大多为开放洼地。习近平总书记深刻指出，过去我们的开放主要基于沿海地区，面向海洋、面向发达国家，今后这个方向的工作还要继续做。同时要更多地考虑中西部地区和沿边地区的对外开放，进一步向西开放、向周边国家开放。加大西部开放力度，关键要在三个方面实现突破：一是整合升级内陆已有开放平台，重点是聚焦各类政策资源，创新考核评价、公共服务、开放合作等机制；二是培育一批贸易投资区域枢纽城市，重点是把具有特色产业优势、物流网络优势、要素集聚优势枢纽城市的区域辐射力突出起来、发挥出去，形成带动内陆发展的新的增长极；三是提升沿边开放平台功能，重点是搞好 17 个边境经济合作区和 2 个跨境经济合作区。深入对接“一带一路”建设，进一步加大对基础设施的投入，加大边贸支持力度，扶持特色产业发展，推进兴边富民。

3. 建设全面开放新格局的主要任务和要求

在新时期形成全面开放新格局的任务和要求主要体现在以下六个方面。

（1）将继续推进“一带一路”建设。

“一带一路”建设是统领我国对外开放的新理念、新模式、新框架、新任务的集中体现，内容丰富，内涵深刻。在鼓励中国企业走出去的过程中，需要通过共商共建共享的原则来加强彼此间的合作，以达到互利共赢的效果。同时，随着全球对于创新作用认识的逐步深化，提出加强创新能力开放合作，这有利于促进我国的开放式创新并通过加强国际合作、整合内外要素资源提升创新能力。此外，在推进“一带一路”建设的过程中，我国正在逐步形成陆海内外联动、东西双向互济的开放格局，而这也是“新”格局的具体体现。

（2）要培育贸易新业态新模式。

我国已成为全球最大的货物贸易国家，未来仍须通过提升技术水平、品牌优势等推动我国产业向全球价值链的中高端移动。同时，我国的贸易发展方式也须进一步转型，加快提升服务贸易在全球的地位和国际竞争力也是一个重点任务。

（3）要实行高水平的贸易和投资自由化便利化政策。

党的十八大以来，我国的投资管理制度改革取得了明显进展，实行了准入前国民待遇加负面清单的管理模式，未来在此方面的改革力度应该还会继续加大，随着这一准入制度的建立，提升开放水平的关键是进一步缩短负面清单，程序也应进一步简化，以达到更高水平的开放。加快自由贸易区建设、推进与主要国家的投资协定谈判，是中国推动双边和区域贸易投资自由化的重要政策选择，今后要进一步加大推进力度，取得更多实质性成果。

（4）境内注册的企业，都要一视同仁、平等对待。

最高开放水平的外资政策就是没有外资政策。要营造一个公平竞争的市场环境，逐步构建内外资企业统一适用的制度和政策体系，而这也是高水平投资自由化的要求所在。

（5）要优化区域开放布局，加大西部开放力度。

进一步改变东重西轻的开放布局，是我国未来的一项重要任务。而“一带一路”倡议的持续推进为外资企业进入中西部地区带来了便利。当然，区域布局的优化改革也要借鉴我国长期积累形成的经验，首先通过局部地区开展先行先试，进而在更大范围内复制推广，为此还要赋予自由贸易试验区更大的改革自主权，探索建设自由贸易港。这对于进一步深化自贸试验区开放创新改革，加大压力测试力度，按照国际最高水平贸易投资自由化标准构建开放型经济体制，在新时代现代化经济体系建设中更好发挥示范和引领作用，具有重要意义。

（6）要继续推进对外投资。

党的十八大以来，我国在对外投资领域取得了明显进展，未来还应进一步创新方式，促进国际产能合作，形成面向全球的贸易、投融资、生产和服务网络，加快培育国际经济合作和竞争新优势。企业走出去不仅对中国企业自身的提升和发展具有重要意义，也将带动投资目的地国家的经济和就业增长，有利于形成互利共赢的国际合作基础。[①]

（三）当好新时代改革开放排头兵

2018 年 3 月 7 日，习近平总书记参加十三届全国人大一次会议广东代表团审议时发表重要讲话，希望广东在形成全面开放新格局上走在全国前列。这不是总书记第一次提出这样的要求。2017 年 4 月，习近平总书记对广东工作作出重要批示，核心是把握好“四个坚持、三个支撑、两个走在前列”的要求。坚持改革开放是“四个坚持”之一，为构建开放型经济新体制提供支撑是“三个支撑”之一。而早在 2012 年 12 月，习近平当选党的总书记后第一次离京考察就选择到广东，在那次考察中他强调，广东在全国改革发展大局中具有举足轻重的地位，肩负着光荣而艰巨的使命。他希望，“广东要努力成为发展中国特色社会主义的排头兵、深化改革开放的先行地、探索科学发展的试验区，为率先全面建成小康社会、率先基本实现社会主义现代化而奋斗。”可见，当好新时代的改革开放排头兵一直是习近平总书记对广东的殷切期望。

① 曹方超：《统筹国内国际两个大局 推动形成全面开放新格局》，《中国经济时报》2017 年 10 月 24 日。

1. 开放是广东发展的底色和基因

1978 年，党的十一届三中全会作出改革开放的伟大历史抉择，掀开了中国经济社会发展的新篇章。我国的开放实践，走出一条从沿海向内地推进，从经济特区到沿海港口城市再到沿边内陆省会城市逐级实施，从贸易领域商品市场到投资领域要素市场逐步扩大的发展路径，实现了对内对外开放相互促进，引进来和走出去的有机结合。广东充分发挥经济外向度高的优势，逐步扩大开放区域和领域，激发改革动力、活力和持续内生力，向全面、纵深方向稳步推动对外开放。在 40 年的开放发展中，广东实现了若干重大跨越，每一次跨越都是发展的里程碑。

在改革开放初期，广东以解放思想为先导，全面拨乱反正，认真落实干部、华侨等政策，按照中共中央和邓小平的构想，创造性地运用中央赋予广东的特殊政策、灵活措施，充分发挥地缘人缘优势，开展以“包产到户”为主要内容的农村体制改革，在城市逐步进行以市场调节为取向的经济体制改革，开始了波澜壮阔的对外开放实践。首先，广东提出开放发展先行一步。在广东开放发展先行一步和创办经济特区初期，广东省委围绕“进一步解放思想，大胆改革，更加开放”这个主题，要求各地用足用活中央给予广东的特殊政策和灵活措施。其次，发挥毗邻港澳优势，扩大地方管理权限。再次，成功创办经济特区。广东的经济特区从创办之日起，认真执行中央赋予的特殊历史使命，在开放发展的前沿奋勇拼搏，敢闯敢干，大胆实践，勇于探索，努力按照市场经济规律办事，大力发展外向型经济，取得了显著成效。

1984 年 10 月，中共十二届三中全会通过《中共中央关于经济体制改革的决定》（以下简称《决定》），标志着城市开放发展的全面展开。按照中央的《决定》部署，广东工作转向以城市经济体制改革为重点，经济社会发展取得巨大成就。1987 年，全省地区生产总值达到 846.69 亿元，实现地区生产总值比 1980 年翻一番，初步解决人民群众的温饱问题。1988 年 2 月，中共中央、国务院原则批准广东进行全面改革、扩大开放的综合试验方案。首先，开放发展全面深入展开。这一时期，广东对外开放发展有了进一步的飞跃。广东进出口贸易迅速增长，外贸总额首次突破 1000 亿美元关口。实际利用外资从 24 亿美元增长到 121 亿美元，利用外资额约占全国（481.33 亿美元）的四分之一。其次，坚持对外开放，发展外向型经济。这一时期的广东采取“以外经促进外贸发展，以外贸增强外经实力”的策略和“两头在外，以进养出”等措施，积极发展外向型经济，取得了良好的效果。再次，广东各类开发区发展成为新的增长亮点，形成全方位对外开放的新格局。各类开发区按照“三为主、一致力”（以工业项目为主、以吸收外资为主、以出口为主，致力于发展高新技术）的发展方针健康成长，质量和水平不断提高，发挥了窗口示范辐射带动作用，取得了令人瞩目的成效，成为中国最具活力的特定经济区域。

1992 年初，邓小平视察南方，提出广东今后要加快经济发展的步伐，力争用 20 年的时间赶上亚洲“四小龙”，基本实现现代化。1994 年 6 月，江泽民向广东提出“增创新优势，更上一层楼”的要求，指出：中央对发展经济特区的决心不变，中央对经济特区的基本政策不变，经济特区在全国改革开放和现代化建设中的地位和作用不变。为响应中央号召和部署，广东又掀起新一轮深化改革、扩大开放、加快发展的热潮。首先，实施增创新优势三大发展战略，初步建立起社会主义市场经济体制。1998 年 5 月，中共广东省第八次代表大会提出大力推进经济体制和经济增长方式两个根本转变，增创体制、产业、开放、科技教育四大经济发展新优势，突出抓好“外向带动”“科教兴粤”和“可持续发展”三大发展战略，促进经济发展五年跃上一个新台阶。其次，发展开放型经济，建立广东区位新优势。实施外向带动战略，加速市场国际化，形成以亚洲市场为主，发展非洲，开拓欧美、南美市场的多元化格局。继续发挥毗邻港澳、华侨众多的优势，提高广东经济特区的整体素质，建立特区的新优势。特区还在加快参与国际经济合作与国际接轨等方面，大胆进行了探索。再次，推动外向型经济再上新台阶。广东积极实行引进来与走出去相结合战略，对外经济贸易持续发展。出口商品结构得到优化，高新技术产品、机电产品和高附加值产品出口比重提高。加工贸易健康发展，一般贸易稳步增长。多元化出口市场格局初步形成。境外加工贸易、对外承包工程和劳务合作进一步拓展。

2. 广东开放仍不平衡、不充分

与前面 40 年全球经济处于长波周期波峰不同，未来一段时期，广东新一轮的开放发展进入了世界经济深度调整期、全球经济治理变革期、新一轮经贸规则构造期和我国对外战略布局关键期，也是广东比较优势深刻转换期。以历史的逻辑、科学理性和前瞻的全球视野重新审视、把握、传承、发扬和转换改革开放40年来形成的独特优势，是广东新时期担负国家参与全球竞合发展历史使命和构建开放新优势的重要基础。

作为外贸依存度最高，外贸总额约占全国四分之一的省份，广东需为全国“构建开放型经济新体制”提供支撑，以对外开放的主动赢得经济发展的主动、赢得国际竞争的主动，当好国家参与国际竞争与合作的主力军和排头兵，做我国永不关上的南大门。当前，广东对外贸易正在由“外资企业+加工贸易”向“民营企业+一般贸易”转型转变。2016年，广东进出口一般贸易首次超过加工贸易，对外投资规模达到206.8亿美元，同比大幅增长94.3%，居于国内省份榜首。外贸和投资结构发生历史性变化，成绩可喜。但对标国际发达地区和中央对广东率先基本实现社会主义现代化的定位，广东的开放还面临着很多不平衡、不充分的结构问题，主要表现在以下方面。

（1）出口市场结构不平衡，外贸风险及波动加大。

广东出口商品主要依赖于发达国家（地区）市场，其中中国香港占33%，美国占25%，欧洲地区占15%，对发展中国家，尤其是金砖国家布局不够，在后危机时代增加了对外经济的不稳定性。2016年，广东实际利用外资额降幅较大，同比下降13.4%，吸引外资的优势在减弱；货物进出口总额6.30万亿元，同比下降0.8%。随着世界贸易保护主义抬头，美国贸易政策可变性增大，广东外经贸形势不确定性较大。2016年，广东对“一带一路”沿线国家的进出口额只占总进出口额的20.7%，同比增长6.5%。为了改善广东外贸的市场结构，降低外贸过大的波动性风险，应加快走出去，开拓

“一带一路”沿线国家和金砖国家市场。

（2）商品结构不合理，国际竞争受到较大挑战。

广东出口占全国的比重长期稳定在30%以上，国际市场占有率从2010年的2.97%上升到2016年的3.93%。长期以来广东出口大于进口，贸易顺差逐年增大，但2016年广东贸易顺差出现减少的情况。这主要是由于出口产品的竞争力有所削弱。广东一般贸易的贸易竞争优势指数落后于浙江、福建和江苏；加工贸易的贸易竞争优势指数落后于上海、浙江；机电产品贸易的贸易竞争优势指数落后于浙江、福建；高技术产品贸易的竞争优势指数落后于浙江、江苏。另外，广东服务贸易发展相对滞后。广东贸易总额全国占比达25%以上，但服务贸易只占10%。广东服务贸易没有充分发挥其地缘优势，错过了很多发展机会，这与广东贸易大省的地位不相吻合，也不利于产业转型升级。

（3）缺乏世界级城市，配置全球资源能力有待加强。

进入新时代，中国正日益靠近世界舞台的中央，作为我国第一经济大省，广东毫无疑问地要成为世界舞台的重要角色，代表我国参与全球中高端竞争。全球竞争力的核心是资源配置能力，资源配置的关键是是否有世界级城市。伦敦、纽约、巴黎、东京之所以成为全球的一流城市，就在于其拥有强大的全球资源配置能力。我国已经成为全球第二大经济体，广东有我国四个一线城市中的两个。如果把广东看作一个独立的经济体，那它可以排名世界第16位，但广东却缺乏与之相对应的影响力。美国科尔尼管理咨询公司和芝加哥全球事务委员会发布的全球城市指数中，在66座上榜城市里，广州和深圳分别名列第60位和第65位。在全球化与世界城市研究组织 GaWC 公布的 2016 年世界城市体系排名中，广州虽然进了 Alpha 级，但仅列第 40 位，深圳甚至还是 Beta 级。广东需要建设世界级城市，提升影响全球的能力，实现由集聚全球资源到配置全球资源的转变，成为我国对外交往合作的门户和参与全球竞争的核心空间地域。

3. 广东具有高水平开放比较优势

迈入新时代，广东开启新征程，开放型经济规模不断壮大。2017 年，广东货物进出口总额达 6.82 万亿元、同比增长 8%，占全国总额的 24.5%，规模居全国第一，对全省经济增长贡献率超过 30%；实际吸收外资达 1383.5 亿元、同比增长 6.4%，规模居全国第一。

（1）市场先发优势。

作为对外开放的“排头兵”，广东是贯彻落实国家开放战略的主力省。经过 40 年的开放发展，广东经济已经与全球经济深度融合，拥有了其他省市难以比拟的对外开放先行优势。40 年形成的开放优势为广东加快构建全面开放新格局、将开放型经济推向新高度打下了坚实基础，提升了广东服务我国经济“全球布局”的能力。广东可以利用业已形成的开放优势，紧紧抓住全球经济深度调整、第四次工业革命和全球产业分工机遇，发挥开放大省在金融资本、产能制造、工程建设及营运管理等方面的优势，推动企业大规模走出去和高水平引进来，服务于“一带一路”、“区域全面经济伙伴关系”(RCEP)、中拉和中非全面经贸关系的提升，深化与世界各国经贸合作。通过促进与世界经济、尤其是周边国家经济的共同发展，在国际产业竞合中形成新的多赢、双赢局面，进一步加强广东经济在世界产业价值链中不可替代的枢纽作用，扩大共同利益、构建“同船共渡”的命运共同体，为广东经济去产能、去库存、持续稳定发展找到新的动力和支撑点，为转型发展创造优良的外部环境，开拓更广阔的天地。

（2）营商环境优势。

顺应全球化经济发展新趋势，主动对接国际贸易投资新规则，搭建与国际通行规则相衔接的基本制度框架，着力培育市场化、法治化和国际化的营商环境，是新时期广东构建更高水平的对外开放格局的主要任务。按照省“十三五”规划建议，未来5年，广东将以营造法治化、国际化、便利化营商环境，构建与国际高标准投资、贸易、管理规则接轨的自由贸易园区为目标，在实行准入前国民待遇加负面清单管理制度、国际贸易功能集成、口岸通关监管模式创新、人民币资本项目可兑换、跨境人民币业务、融资租赁等方面先行先试，加快形成可复制、可推广的制度框架和经验做法。可见，自贸区在构建更开放、更便利与国际投资贸易规则对接制度的探索，简政放权和放管结合改革，以及各行业、各领域更多的改革创新举措的先行先试，将为广东加快开放型经济体制机制创新，履行好“三个定位”功能提供新时期的试验场。

（3）粤港澳大湾区优势。

粤港澳地理相连、人文相同，三地乘着改革开放春风，以前所未有的速度和力度从“前店后厂”模式跨入到区域一体化发展模式，形成了一个紧密相连、相互融合的自然经济区。随着粤港澳大湾区成为国家区域发展战略，粤港澳三地共同打造国际一流湾区、世界级城市群，粤港澳合作从单向投资走向双向投资和共同融资，从企业与企业、企业与民间到企业、民间与政府之间的多层面多渠道合作，从港澳与珠三角、港澳与大珠三角到港澳与泛珠三角的合作，从商旅、基础设施、制造业到科技教育、信息服务、金融、人才交流、社会公共服务等方面的合作，以至粤港澳服务贸易自由化深度推进，粤港澳国际贸易功能集成得到强化，更具综合竞争力的世界级城市群的共同打造推进顺利。

（4）“一带一路”枢纽和经贸合作中心优势。

互惠互利、合作共赢的经济关系是密切国家间、区域间关系最核心的纽带。作为我国海上丝绸之路最早的发祥地之一，广东与海上丝绸之路沿线国家经贸关系起步早，在参与共建方面具有凸显的地理、经济、商贸、侨乡、文化等优势。广东地处国际国内两大经济体结合部和亚太经济的核心位置，处于太平洋、印度洋、大西洋航运的枢纽位置，拥有通往东南亚、南亚、中东、非洲等国家的最短航线，拥有全球通货能力最大、水深条件最好的区域性港口群。业已形成的经贸关系优势，构成了广东与海上丝路各国经贸合作的基础，也构成了广东参与海上丝路建设的优势。广东将利用好亚投行、丝路基金等机构的融资支撑作用，以经贸合作为重点，加强与“一带一路”沿线国家合作，对现有的、计划中的合作项目进行统筹整合，形成一揽子合作，扩大合作效应。把“一带一路”沿线国家作为广东企业走出去的重点，推动企业到有关国家建立境外生产基地、营销网络和区域总部，参与大型基础设施工程承包，加强资源能源联合开发利用，在陆海内外联动、东西双向开放的全面开放新格局中发挥重要引擎作用。

（5）泛珠对内开放优势。

充分利用好国内外两种资源、两个市场，统筹对内对外开放，既是广东增创开放型经济新优势，不断提高对外开放水平所必需的，也是贯彻国家开放型经济体系建设所必需的。经过10多年的不懈努力，广东与泛珠各省区在基础设施、能源、产业投资、商务贸易、旅游、农业、人力资源、科教文化、医疗社保、环境生态、信息化建设、金融等领域的合作获得突破，并正按照《泛珠三角区域深化合作共同宣言(2015—2025年)》，务实推进珠江—西江经济带、武广高铁经济带、贵广高铁经济带、南广高铁经济带和粤桂合作特别试验区、粤桂黔高铁经济带合作试验区、湛江—北海跨省特别经济合作区、闽粤经济合作区、广州南站泛珠省会城市合作示范区等重大区域发展平台建设，推动区域经贸合作上新水平。与泛珠区域的合作发展已成为广东综合运用国际国内两个市场、两种资源，利用国内国际经济联动效应，增创广东经济发展新优势的重要抓手和途径。

一

广东在形成全面开放新格局上走在全国前列的基础与短板

历史总是在时代的转折点赋予广东改革发展新使命。改革开放40年来，广东敢为天下先，创造了举世瞩目的“广东奇迹”；而且每每在关键时刻，广东总是成为党实践重大理论与开放发展的沃土，以先行一步的经验为全国提供重要的借鉴。

开放带来进步，封闭必然导致落后。开放是广东发展的底色。早在2012年12月，习近平总书记在广东考察时就强调，广东在全国改革发展大局中具有举足轻重的地位，肩负着光荣而艰巨的使命。他希望，“广东要努力成为发展中国特色社会主义的排头兵、深化改革开放的先行地、探索科学发展的试验区，为率先全面建成小康社会、率先基本实现社会主义现代化而奋斗。”

2017年4月，习近平总书记对广东工作作出重要批示，强调要把握好“四个坚持、三个支撑、两个走在前列”的要求。其中，坚持改革开放是“四个坚持”之一，为构建开放型经济新体制提供支撑是“三个支撑”之一。

2018年3月7日，习近平总书记来到十三届全国人大一次会议广东代表团参加审议，深刻指出，“广东是改革开放的排头兵、先行地、实验区，在我国改革开放和社会主义现代化建设大局中具有十分重要的地位和作用。”[①] 这是习近平总书记在我国昂首迈进新时代、迎来改革开放40周年的关键节点，对广东开创对外开放新格局的殷切嘱托和最新指示。

---

① 《习近平参加广东团审议，充分肯定党的十八大以来广东工作并要求以新的更大作为实现“四个走在全国前列”》，《南方日报》2018年3月8日。

眼界决定思路，思路决定出路。广东要以更宽广的视野谋划对外开放新格局，才能不辜负习近平总书记新嘱托、继续推动全面开放，在形成全面开放新格局上走在全国前列，续写对外开放新辉煌。

（一）广东在形成全面开放新格局上走在全国前列的基础

广东开放型经济发展基础很好，在构建开放型经济新体制、推动转型升级等方面在全国具有重要的示范意义。

2018年3月7日上午，习近平总书记在参加十三届全国人大一次会议广东代表团审议时指出："在扩大对外开放上，广东条件充沛、基础很好，也积累了丰富经验"。广东要以更宽广的视野、更高的目标要求、更有力的举措推动全面开放。[①]

党的十八大以来，广东全面深化粤港澳合作，推动外经贸向高端突围，发挥自贸试验区和"一带一路"的"双轮驱动"作用，提升广东配置和整合全球资源的能级，体现了广东作为改革开放排头兵的政治自觉，为广东在形成全面开放新格局上走在全国前列注入了强大正能量。

---

① 《习近平参加广东团审议，充分肯定党的十八大以来广东工作并要求以新的更大作为实现"四个走在全国前列"》，《南方日报》2018年3月8日。

1. 肩负改革开放排头兵使命

改革开放以来特别是党的十八大以来，广东坚持以开放促发展促改革促创新，综合运用国际国内两个市场、两种资源，重视国际国内经济联动效应，积极应对外部环境变化，更加积极主动融入全球发展，参与国家“一带一路”建设，加强与欧美发达国家经贸联系，深化粤港澳合作，在全国复制推广广东自贸试验区改革创新经验，在构建开放发展新格局方面取得了积极成效。

（1）争当开放发展的“领跑者”。

党的十八大以来，广东开放型经济逆风起飞。面对依然复杂的国际经济形势和经济下滑压力，广东外贸进出口总额连续5年超6万亿元，有效稳住了国际市场份额；外贸结构不断优化，一般贸易额超过加工贸易额，服务贸易加快发展。2013—2017年累计实际利用外商直接投资1256亿美元，一批优质外资项目落户广东，广东开放型经济水平显著提高。

在我国昂首迈入新时代的同时，广东又开启对外开放新征程，继续成为我国对外开放的“领跑者”，开放型经济规模不断壮大。以2017年为例，广东货物进出口总额6.82万亿元，占全国的24.5%，规模居全国第一；广东引进外资以高科技型企业为主，新设立投资总额超1亿美元的大项目近200个，空中客车、苹果、英特尔、思科等一批世界500强企业纷纷来广东投资；广东“走出去”加速走向实体经济，2017年广东制造业对外协议投资增长达50%；涉及欧美创新资源的并购备案项目金额达54.4亿美元。

（2）形成开放发展先发优势。

广东积极应对外部环境变化，不断拓展对外贸易新格局，培育贸易新业态新模式，推进贸易强省建设；探索实行高水平的贸易和投资自由化便利化政策，实行准入前国民待遇加负面清单管理制度；赋予自由贸易试验区更大的改革自主权，扎实推进一批重大互联互通、经贸合作项目落地实施，对全国经济社会发展产生了巨大的引领带动作用。

广东的开放实践充分证明，始终坚定不移全面深化改革，坚决破除各方面体制机制弊端，就能不断破解发展难题；始终坚定不移以开放促改革、促发展，不断提升在国际分工中的地位，就能不断拓展发展空间，赢得开放发展新优势。党的十八大以来形成的广东开放发展先发优势，为我国扩大全面开放、发展更高层次开放型经济奠定了坚实基础，也增强了我国始终做世界和平的建设者、全球发展的贡献者、国际秩序的维护者的能力。

2. 确立对外开放先行地的战略定位

2015 年以来广东把握自贸区建设的重大机遇，推进广东自贸区在探索开放型经济新体制、建设高水平对外开放门户枢纽、深化粤港澳合作等方面先行先试，有力发挥了自贸区在全面深化改革和扩大开放方面的作用。

（1）加快自贸区开放创新。

2015 年 4 月 21 日，中国（广东）自由贸易试验区正式挂牌。国务院批复的《中国（广东）自由贸易试验区总体方案》中明确了其战略定位，即广东自贸区依托港澳、服务内地、面向世界，将其建设成为粤港澳深度合作示范区、21 世纪海上丝绸之路重要枢纽和全国新一轮改革开放先行地。[1]

作为广东以开放促改革的"头号工程"，广东自贸区努力提高开放层次，对接更高水平的开放，降低贸易壁垒，苦练"内功"，有效利用国际国内两种资源。广东自贸区已经成为我国以开放和创新促进持续发展的又一先行地。

截至2017年6月，广东自贸区累计新设立企业15.8万多家，位居中国各自贸区首位。各类金融企业入驻广东自贸区超过4万家，成为我国内地最大的创新金融和类金融企业集聚地。世界500强企业在广东自贸区投资设立340家企业。此外，跨境电商、融资租赁、航运交易、金融资产交易平台等建设初具规模。在广东自贸区内，中远海运、中铁建、中交建等大型企业设立了300余家总部型企业。2015年以来，广东自贸区共形成385项制度创新成果。

（2）吸引外资呈集聚效应。

广东借力自贸试验区和内地与港澳《关于建立更紧密经贸关系的安排》（CEPA），吸收外资及港澳台资金大幅回升。2017年，广东新设立境外商家投资企业15528家，同比增长90.3%；实际利用外资达1383.5亿元，同比增长6.4%。新设立（含增资）投资总额超1亿美元的大项目达191个，同比增长13%。融资租赁、科技研发、创业投资、电子商务、现代物流等高端产业向自贸试验区集聚的态势明显。特别是广东在吸引港澳资本参与广东自贸区建设方面已取得了明显成效，服务业已经占据香港在粤投资总额的半壁江山。

---

① 《国务院批准广东自由贸易试验区总体方案》，中国政府网2015年4月20日。

（3）增强自贸区引领作用。

逐步成熟的广东自贸区开放格局，也成为广东珠三角打造具有全球影响力的世界级城市群的重要推动力。在珠三角的产业版图上，深圳前海、广州南沙、珠海横琴贯通粤港澳，以一个类“A”字形架构，支起大珠三角世界级城市群的“金三角”。三大自贸片区以前所未有的国际视野，着力创新与突破，以高起点、高标准谋划产业发展，带动珠三角全局，激发广东开放发展的新动能。

（4）打造粤港澳大湾区。

在全面开放新格局中，打造粤港澳大湾区和世界级城市群，是党中央、国务院立足国内外发展新形势新要求，作出的重大战略部署。[①] “十三五”规划纲要将建设粤港澳大湾区作为深化内地与港澳合作的重要内容写入其中，明确建设世界级城市群，使之成为中国参与全球竞争与国际分工的地域单元；建设开放创新转型升级新高地，打造具有全球竞争力的经济区。这要求广东在服务国家战略中主动作为，在打造国际一流湾区中发挥引擎作用。

3. 担负引领开放合作新格局重任

借助“一带一路”机遇，广东以更开放的姿态，全面参与全球经济合作和竞争，加快建立与国际接轨的开放型经济新体制，强化内外联动，提高开放水平，构建全方位开放发展新格局，形成了广东参与国际竞争的新优势。

---

① 《让粤港合作成果更多惠及两地民众——访广东省省长马兴瑞》，新华网 2017 年 6 月 25 日。

广东率先出台参与建设“一带一路”实施方案，提出将广东打造成为“一带一路”的战略枢纽、经贸合作中心和重要引擎的定位，这意味着广东参与“一带一路”建设将引领我国全面开放合作新格局。

（1）提升“走出去”的层次和水平。

广东企业“走出去”的质量效益不断提升，层次逐步提高，投资不断向价值链高端延伸，而且研发机构对外投资成为新热点。以深圳为例，2017 年深圳在境外投资的企业和机构共 314 家，实际投资额 43.22 亿美元，约占广东对外投资的 50%。企业“走出去”已经成为深圳开放型经济发展的新特征。目前，深圳企业已在全球 137 个国家和地区，累计直接投资设立企业和机构 6004 家，其中一部分企业在欧美发达国家建立起研发中心。在东莞，手机品牌 vivo 已排在印度手机市场的前三位，OPPO、vivo 已凭借中高端产品及文化输出在当地广受赞誉。宇龙酷派已将旗下的大神系列手机推向印度市场，还计划在印度城市班加罗尔设立研发中心和手机生产工厂。

（2）形成外经贸发展新动能。

自“一带一路”倡议提出以来，广东外经贸找到发展新动能，众多粤企开始受益于“一带一路”建设红利。商务部发布的数据显示，2014 年，广东对“一带一路”沿线国家实际投资为 17.2 亿美元。而到了 2016 年，广东对“一带一路”沿线国家的实际投资超过 40 亿美元，同比增长 65.3%。同时，欧美许多发达国家对广东的投资势头强劲，投资额快速增长。

在对外贸易方面，广东向“一带一路”沿线国家的出口呈现爆发式增长。2016 年，广东对“一带一路”沿线国家累计进出口 1995.6 亿美元，占全国比重达 20.9%，占全省进出口的 20.7%。而 2017 年 1—6 月，广东对“一带一路”沿线国家进出口总额为 1067 亿美元，增长 25%，占同期我国对“一带一路”沿线国家进出口的 23%。

近年来，广东民营企业到“一带一路”沿线国家投资整体呈增长趋势，成为投资主力。截至 2017 年 3 月底，广东共有 309 家企业到“一带一路”沿线国家投资，其中民企 111 家，占全部投资家数的 35.9%，投资金额为 8.8 亿美元，占比 49.1%。

（3）携手推进“一带一路”建设。

粤港合作落实“一带一路”倡议是广东发展的又一重大机遇。广东应加强与香港特区政府沟通，落实好双方签署的“一带一路”合作意向书，携手推进与“一带一路”沿线国家的互联互通和便利往来，特别是发挥粤港联合招商推广合作机制的作用，共同组织赴“一带一路”沿线重点国家和地区考察、推介及招商引资，探讨投资合作新机遇。

（二）广东在形成全面开放新格局上走在全国前列的短板

必须看到，虽然广东长期保持着改革开放排头兵的地位，开放发展取得令人瞩目的成就，但广东开放发展中的一些深层次、结构性问题仍未得到根本解决，前进道路上还存在许多困难和挑战。

2012 年在考察广东期间，习近平总书记明确指出，广东作为沿海发达地区，传统发展模式的弊端暴露得最早也最充分，对优化经济结构、转变经济发展方式迫切性的体会和认识应该最痛切也最深刻。[①]

在国际市场需求不振、国际分工体系重构、国内经济步入结构性调整和外贸新旧竞争优势转换等多重因素叠加影响下，广东开放型经济面临沉重压力和严峻挑战。广东要继续大胆探索和扎实工作，提高开放水平，形成广东参与国际竞争新优势，力争在推进经济结构战略性调整、加快形成新的发展方式上走在全国前列。

1. 国际市场不确定性因素日趋增多

世界经济仍处于金融危机后的深度调整期，世界经济低速增长将成为未来一段时期的常态。另外，外需不确定性因素增多，全球直接投资总量呈现明显减少趋势。2016 年全球直接投资 1.52 万亿美元，同比下滑 13%，远未达到金融危机前 2.1 万亿美元的水平。同时，发达国家实施“再工业化”，部分中高端制造业向发达国家回流。贸易保护主义有所抬头，国际贸易摩擦日趋加剧。广东产业发展面临发达国家“再工业化”和发展中国家与地区利用低成本优势承接产业转移的“双向挤压”，增加了开拓国际市场和吸引外资的难度。同时，全球产业重组和产业链布局、国际经贸规则调整，国际分工

① 《牢记总书记嘱托　续写广东发展新篇章》，《广州日报》2016 年 2 月 29 日。

面临新的变革，围绕市场、技术、人才、资源的竞争日趋激烈，广东在参与经济全球化、投资贸易、产业转移等方面，均将受到新的不确定因素的影响。

2. 国内区域和城市间竞争日趋激烈

在国内外经济发展新形势下，京津冀经济圈、长江经济带、长三角城市群、泛珠三角等区域经济一体化发展加速，各区域和主要城市对核心资源、改革红利和创新人才等高端要素资源争夺更加激烈。广东中心城市综合实力与香港、上海、北京等国际经济中心城市比较，还存在较大差距。例如，2015 年广州货物贸易进出口总额不足香港的 1/7、约为上海的 1/5。

3. 高端资源要素整合能力不强

广东基础研究和应用经费投入占全省地区生产总值比重不足 10%，远低于发达国家 30% 的平均水平；拥有自主核心技术的企业不足 10%，关键技术和零部件 90% 以上仍依赖进口；来自科研单位的发明专利占全省总量不到 3%。科技创新支撑能力不足导致广东产业仍处在全球价值链中低端环节，创新驱动能力较弱，战略性高端要素和价值链高端环节发育不足。

广东利用外资项目仍然以中小项目为主，而研发类外资项目不多，大部分外商投资企业的核心技术主要通过境外公司授权或向其购买取得，相关产业核心零部件依然高度依赖进口。如 2016 年广东生产手机 9.6 亿部，占全国产量的 45.7%，但对进口芯片的依赖依然严重。

总部经济集聚效应仍然不强，尚未形成具有全国影响力、配置全球资源的跨国公司。例如，在《财富》世界500强企业中，2015年总部在广州的只有2家，而北京、上海分别有52家和8家，2013年纽约、伦敦则为17家和12家。高端商贸业培育引进不足，缺乏纽约、伦敦、上海等城市拥有的具有全球或区域影响力和定价权的大宗商品交易平台，对全球著名零售商和全球一线品牌的吸引力也较弱。

4. 国际竞争新优势尚未形成

广东工业增加值率长期徘徊在25%左右，不仅远低于发达国家30%以上的平均水平，而且低于29%左右的全国平均水平。广东产业转型升级任务依然任重道远。

广东传统竞争优势难以为继，竞争新优势尚未形成。珠三角九市中一半以上的土地开发强度超过或接近30%的国际警戒线，区域环境污染问题日益严峻。劳动力、土地等初级资源优势渐趋减弱，资源环境硬约束进一步收紧。但以技术、品牌、质量和服务为核心的竞争新优势尚未形成，缺乏具有自主品牌、自主知识产权和较强国际竞争力优势的产品，加工贸易和劳动密集型等产业也加速向周边国家和省市转移。广州南沙自贸试验区虽已开局建设，但制度创新效应尚未全面释放。广东市场化法治化国际化营商环境尚不健全，对外开放领先优势逐渐减弱。

5. 外贸发展面临严峻挑战

对外贸易是广东开放型经济体系的重要组成部分和经济发展的重要推动力量。在国际环境和国内发展条件都发生重大变化的历史背景下，广东外贸发展既面临重要机遇期，也面临严峻挑战。

一是外贸总量持续增长压力较大。特别是逆全球化趋势引发的贸易保护主义对广东外贸出口造成较大冲击，外贸持续回稳向好的内外部基础还不十分稳固。

二是外贸发展质量效益还不高。长期以来，广东外贸出口产品档次集中于劳动密集型产品或高端产业的中低端环节，附加值低、全要素生产率与发达国家仍有较大差距。近年来，随着人力、土地等生产要素成本上升，广东制造的传统优势明显减弱，加工贸易出口利润率大幅下降。同时，广东纺织、食品、家电、高新技术等出口行业频繁遭遇技术性贸易壁垒，仅2014年造成的直接损失就高达1400亿元，占全国的三分之一以上。

三是中小企业竞争力还不强。近年广东中小企业快速发展，有望代替外资企业成为出口主力军。这些中小企业在全球化进程和国际竞争中变得越来越重要。然而，广东中小企业与世界先进水平相比仍在创新驱动、质量技术等方面存在较大差距。

面对错综复杂的国际环境和国内传统优势减弱等多重挑战，广东必须坚持开放发展不动摇，以构建开放型经济新体制为总抓手，深化改革、大胆创新、加快融入全球化的步伐，提升广东国际竞争力，积极应对各种挑战和困难，不断开创广东开放发展新局面，在形成全面开放新格局上走在全国前列。

（三）广东形成全面开放新格局的展望与策略

经过40年改革开放，广东开放发展已经站在了一个新的历史起点上。当前和今后一个时期，是广东加快转型的重要战略机遇期。广东面临的机遇，正在由原来加快发展速度的机遇转变为加快经济发展方式转变的机遇，由原来规模快速扩张的机遇转变为提高发展质量和效益的机遇。经济发展要向形态更高级、分工更优化、结构更合理的阶段演化。

在这个关键时刻，习近平总书记明确指出“要以更宽广的视野、更高的目标要求、更有力的举措推动全面开放”①。习近平总书记的讲话高瞻远瞩、总揽全局、内涵丰富，是广东开创国际竞争新格局的重要指针和行动指南。广东要准确领会习近平总书记讲话的丰富内涵和精神实质，勇当改革开放排头兵，积极参与“一带一路”和粤港澳大湾区建设，打造全球化体系下的开放型经济体系，提升在国际分工中的地位，让全球的开放版图上闪耀“广东智慧”的光芒，以全方位开放赢得国际竞争主动权，为全国构建新时代开放型经济新体制提供有力支撑，推动开放型经济在更高层次上实现优化发展、转型发展，奋力开创广东全面开放发展新局面。

---

① 《习近平参加广东团审议，充分肯定党的十八大以来广东工作并要求以新的更大作为实现“四个走在全国前列”》，《南方日报》2018年3月8日。

1. 以制度创新打造广东开放型经济新支点

体制机制创新是推动经济高质量发展的系统工程，是增强开放型经济内生新动力的关键。

（1）探索建设自由贸易港。

习近平总书记在党的十九大报告中指出："赋予自由贸易试验区更大改革自主权，探索建设自由贸易港……形成面向全球的贸易、投融资、生产、服务网络，加快培育国际经济合作和竞争新优势。"① 因此，要把广东自贸区的改革创新作为牵一发而动全身的突破口，以体制机制创新为核心，以加快构建适应国际高标准经贸规则体系为重点，在行政审批制度改革、构建开放型经济新体制、创新粤港澳合作新模式和建设市场化、法治化、国际化营商环境等方面，率先挖掘改革潜力，突破对外开放局限，并发挥示范引领、服务全国的积极作用，切实当好改革开放排头兵、创新发展先行者，将广东自贸试验区建设成为高水平的对外开放的自由贸易港、粤港澳深度合作示范区、21 世纪海上丝绸之路重要枢纽和全国新一轮改革开放先行地，为全国构建开放型经济新体制探索新途径、积累新经验。

（2）加快重点领域和关键环节改革。

前海、横琴和南沙三大自贸区首先应在粤港澳体制合作、体制创新方面发挥引领带动作用，落实服务贸易自由化的"准入前国民待遇"和"负面清单"，推进与港澳商事仲

---

① 《决胜全面建成小康社会　夺取新时代中国特色社会主义伟大胜利》，人民出版社 2017 年版，第 35 页。

裁和商事调解机制的对接，鼓励广东企业利用香港作为解决“一带一路”投资争议的中立第三地。研究制定广东自贸区港澳及外籍高层次人才的认定办法及相关配套措施。推动将前海的专业企业名册和专业人士登记备案制度扩展至南沙和横琴，并在南沙和横琴选择试点项目加入香港建设模式。通过设立营商服务专职机构，与企业、商会、行业协会建立沟通互动机制，探索不同法系下处理法律事务的“一站式”服务。

前海、横琴和南沙三大自贸区除了熟悉了解和利用在港澳成功运行的营商规则之外，还要形成对高标准国际规则和标准的适应能力，从而为构建更高层次的开放型经济新体制提供更强大的支撑。

2. 以“一带一路”开创广东开放发展新格局

充分利用广东对外经济联系紧密和有利的地缘人缘条件，深度参与“一带一路”合作，巩固战略枢纽、经贸合作中心和重要引擎的地位，在服务国家开放战略大局中拓展对外开放空间、赢得新的发展机遇。

（1）深度参与“一带一路”务实合作。

广东要加强与沿线国家和地区开展交通基础设施、能源资源、经贸产业、人文科技等领域的务实合作，支持企业进行国际化布局，以对外投资带动装备、技术、标准、服务“走出去”。

广东要充分利用中国—东盟自贸区建设机遇，巩固新加坡等东南亚传统市场，积极开拓印度、巴西、中东等新兴国家和地区市场。提升与欧美发达国家的合作水平：推动与美国在高端制造、电子信息、金融服务、科技服务、电子商务等现代服务业和战略性新兴产业领域的合作；加强与欧盟在高端装备制造、新能源汽车、生物医药、节能环保、工业设计等领域的合作。挖掘与非洲、东欧、拉美等新兴市场的合作潜能，加强在能源资源、农业、旅游、基础设施建设等领域的经贸合作。

（2）健全“走出去”服务保障体系。

广东要支持企业通过兼并重组获取技术、品牌和销售渠道。健全“引进来”“走出去”服务保障体系，设立更多境外经贸办事处，培育发展涉外投资贸易服务机构，利用好驻粤领事馆、国际友城、海外行业协会商会和华侨华人力量，形成直接联系主要投资贸易伙伴的经贸网络。

（3）发挥战略枢纽的重要引擎作用。

支持广州、深圳、珠海、汕头、湛江等重要支点城市与“一带一路”沿线友好城市共建空港联盟或港口联盟，加快海上物流大通道、海上丝绸之路空中走廊和数字海上丝绸之路建设。建设广东（石龙）铁路国际物流中心，打通丝绸之路经济带进出口双向铁路货运通道。促进粤东西北地区扩大对外开放，发挥汕头华侨经济文化合作试验区、广东（湛江）奋勇东盟产业园等重要载体作用。深化与南太平洋岛国合作，争取成为我国与南太平洋岛国合作的示范省。

打造“21 世纪海上丝绸之路”，更需要发挥深圳作为战略枢纽的开放作用，要以东盟经济带为重点核心区，以南太平洋经济带为潜力区布局经贸合作项目，引导招商局、华为、中兴通讯、中集等重点企业在“一带一路”沿线国家投资布局。除经贸窗口效应凸显之外，深圳正以交通互联、人文交流为重点在“一带一路”建设中发挥战略枢纽作用，推动形成全方位、多层次的开放合作新格局。

发挥粤港携手参与“一带一路”优势。积极引导粤港企业联合开拓国际市场，建立商品营销网络；鼓励粤港企业以联合投资、联合投标、联合承揽项目等方式，共同开拓国际投资和基础设施建设市场。

3. 以供给侧结构性改革推进广东贸易强省建设

外贸供给侧结构性改革涉及发展理念的转变、经济结构的转型、增长动力的转换，是推进广东贸易强省建设的重要抓手。因此，广东要通过创新实现动力变革，大力培育外贸新产业、新动能、新增长极，加快技术、产品、品牌、业态创新，为外贸供给侧结构性改革提供强有力的支撑。

（1）推动外贸高质量发展。

广东外贸需要加快从规模速度型向质量效益型转变，要淘汰落后低端产业，着力优化出口产业和产品结构，提升高新技术、新兴产业的国际竞争力，扩大机电产品、高新技术产品和绿色低碳产品出口，鼓励劳动密集型产业提高附加值。还要优化货物贸易和服务贸易结构，积极承接服务外包，提高外贸可持续发展能力和国际竞争力。

（2）大力优化外贸发展环境。

一是降低外贸领域经营成本。减轻外贸企业负担，缓解外贸企业成本上升的压力。二是加强对外汇风险的保障力度。提升跨境贸易人民币结算的便利化水平，推出更多金融避险产品，帮助外贸企业规避汇率风险，减少汇兑风险。三是提升对中小企业及新兴市场开拓的扶持力度，在税费、融资、用工、科技成果应用等方面提供便利，进一步发挥其在稳定广东外贸出口方面的作用。

（3）引领和培育外贸新业态。

要发展外贸综合服务平台等外贸新业态，培育一批规模结构合理、产业特殊鲜明的跨境电商企业集群。增强创业孵化、综合服务与大数据、云计算、物联网等创新技术结合的能力。推动跨境电商平台增强集聚能力，加快跨境电商“单一窗口”建设，不断优化海关、检验检疫监管措施。

（4）创新利用外资方式和渠道。

不断优化营商环境，吸引更多外资投向深圳这座“最具硅谷气质”的城市。以引进先进科技、专业人才和优质管理为重点，集聚高端先进生产力，培育有全球影响力的先进制造基地和经济区，鼓励跨国公司在深圳、广州等枢纽城市设立地区总部和研发、物流、销售、财务中心。

（5）跟踪贸易规则变革态势。

今后世界贸易组织（WTO）的主要成员将更多地寻求区域贸易合作，以自由贸易协定（FTA）为核心的区域贸易协定（RTA）数量将大幅增长。针对这些国际高标准贸易协定的大变革趋势，广东需要充分利用深圳经济特区的立法权优势，率先探索构建符合国际惯例的运行规则和制度体系，推动在更高标准的竞争中实现新的发展。

4. 以创新驱动提升高质量发展的强大动能

习近平总书记特别强调，创新就是第一动力。“中国如果不走创新驱动道路，新旧动能不能顺利转换，是不可能真正强大起来的。"[①] 广州、深圳作为全球热点地区中的创新尖兵，已经在现代制造业的多个领域实现了从跟跑、并跑到领跑的质变。发挥穗、深创新的引领辐射作用，提升品牌、质量的全球美誉度，才能带领广东走出一条创新驱动发展的新路、好路，才能在国际市场竞争当中占据真正的主动，化解各种潜在风险。

（1）大力培育新兴产业。

广东要优化产业结构、转化增长动力，重点发展电子信息、智能装备、生物医药、航空制造、卫星应用、精品钢材、精细化工等先进高端制造业。大力培育新一代互联网、物联网、智能机器人、云计算、大数据、3D 打印、可穿戴设备等新兴产业，打造一批在全球叫得响的本土创新企业群，实现经济高质量发展。

（2）大幅增强创新能力。

广东要打造国际科技创新中心，重点建设广深科技创新中心，发挥粤港澳科研院所和高等学校基础研究的创新优势，重点聚焦面向现代产业的核心技术和关键共性技术的研发攻关，促进科技创新取得重大突破，加快实现经济发展从要素驱动向创新驱动的转变。

（3）培育本土跨国公司。

广东要完善健全人才政策体系，择天下英才而用之，培育本土人才、吸引全球人才。鼓励和支持有实力的本土创新企业在全球范围内开展跨国投资，整合价值链，培育全球研发中心，参与全球科技创新中心建设，全面提升跨国经营能

---

① 《广东扎实推动科技创新强省建设》，中国经济网 2018 年 4 月 6 日。

力和核心竞争力。

5. 以科技创新突破新技术性贸易壁垒

科技创新是跨越新贸易保护壁垒的关键一招。新技术性贸易壁垒的背后体现了科技创新的此消彼长。增强广东科技创新能力，强化知识产权创造、保护、运用，才能从根本上突破新技术性贸易壁垒。

（1）形成核心自主知识产权。

由于欧美发达国家掌握了全球技术标准、服务准则的制定权，变相限制了我国外贸相关领域的升级转型，为此，要推动名牌企业积极参与国际、国内和行业标准的制定，鼓励创新企业将专利和核心技术转化为国家标准，从而有效地锁定技术标准的使用者，突破欧美的知识产权与技术标准的“围堵”。

（2）发展绿色低碳经济。

国际绿色贸易壁垒发展的一个重要趋势是以知识产权作为技术支撑，因此，我们只有不断提升科技创新能力，积极发展战略性新兴产业，推进我国低碳经济的发展，抢先一步实现低碳化，努力改进产品的质量，才能更好地应对国外低碳贸易壁垒，从而获得更大的发展空间。

6. 以先行先试打造粤港澳大湾区

习近平总书记在参加十三届全国人大一次会议广东代表团审议时发表的重要讲话指出：“要抓住建设粤港澳大湾区重大机遇，携手港澳加快推进相关工作，打造国际一流湾区和世界级城市群。”要将粤港澳大湾区打造成国际一流湾区，除了要研究世界一流湾区的一般规律之外，关键要发挥好“一国两制”优势，凝聚粤港澳三方强大合力，推动粤港澳大湾区与国家战略在更高层次的融合发展。

（1）合作共建粤港澳大湾区。

立足粤港澳合作是广东自贸区区别于我国其他自贸区的最大优势和特色。广东自贸区是香港回归祖国21年来粤港深度合作的一个缩影。近年来粤港认真落实《粤港合作框架协议》，加快推动广东自贸试验区建设，形成了385项制度创新经验，同时深入推进粤港服务贸易自由化，为在我国全境实施《内地与香港CEPA服务贸易协议》提供了先行示范经验。粤港合作推进广东自贸区建设，为打造粤港澳大湾区奠定了坚实基础。

2017年7月1日，在习近平总书记见证下，国家发改委与粤港澳三地政府共同签署《深化粤港澳合作　推进大湾区建设框架协议》。协议明确，粤港澳三地将在中央支持下，完善创新合作机制，促进互利共赢合作关系，共同将粤港澳大湾区建设成为更具活力的经济区、宜居宜业宜游的优质生活圈和内地与港澳深度合作的示范区，打造国际一流湾区和世界级城市群。这是粤港澳乃至我国经济社会发展的又一历史性机遇，粤港澳全面合作将揭开崭新一页。

（2）促进湾区全面协调发展。

坚持协调发展，为理顺粤港澳大湾区的发展关系、拓宽发展空间、提升发展效能提供了根本遵循。注重探索协调发展，粤港澳大湾区发展之路就会行稳致远、越走越宽广。

粤港澳大湾区建设是一项复杂的系统工程。比如，大湾区内存在三个相互独立的关税区，内部未能实现要素自由流动；城市间的交通规划一体化、优势产业错位发展、土地资源集约利用、生态环境共同治理、公共服务同质化等还面临协调难题；还存在自主创新不足、交通枢纽功能不强、生态环境压力增大等严峻问题。可见，建设国际一流湾区，迫切需要增强大湾区的协调发展功能。特别是需要就大湾区的发展目标、功能定位、优势互补、产业布局、基础设施、环境保护等制定针对性强的发展规划，为粤港澳大湾区社会经济、生态环境、科技创新等各领域的协调发展提供体制机制保障，实现大湾区内优势互补、分工合作、资源整合、协同发展，从而引领和辐射泛珠三角的发展，落实国家“一带一路”建设。

（3）探索湾区体制机制创新。

建设高水平广东自贸区是打造粤港澳大湾区的一个重要举措。要把广东自贸区建设作为牵一发而动全身的重要突破口，在转变政府职能、构建开放型经济新体制、创新粤港澳合作新模式和建设国际化营商环境等方面，率先挖掘改革潜力，突破对外开放局限，并发挥示范引领、服务全国的积极作用，从而将广东自贸区建设成为粤港澳深度合作示范区、粤港澳大湾区核心增长极和全国新一轮改革开放先行地，为全国形成全面开放新格局探索新途径、积累新经验。

（4）建设湾区生态保护屏障。

粤港澳大湾区作为建设天蓝、地绿、水清的美丽中国的一个重要组成部分，要成为宜居宜业宜游的优质生活圈的典范。这就要求粤港澳大湾区必须按照中央要求推进“五位一体”建设，把建设生态文明放到更加突出的位置，加强大湾区生态环境协同治理，注重绿色山体和蓝色海湾保护，特别是要共同建设粤港澳跨界自然保护区和生态廊道，打造大湾区生态屏障，使大湾区在结构质量效益上形成新的竞争力，推动绿色发展、循环发展、低碳发展，开创大湾区经济社会全面协调可持续发展的新局面。

（5）形成湾区金融服务支撑。

把粤港澳大湾区打造成世界一流湾区，更需要广东自贸区大胆探索金融创新，形成粤港澳金融核心支撑新优势。其主要措施，一是强化跨境金融创新，推动人民币作为前海、南沙、横琴与港澳跨境大额投资和贸易计价、结算的主要货币。支持港澳金融机构在前海、南沙、横琴以人民币开展新设、增资或参股金融机构等直接投资活动，推动和便利港澳金融机构使用人民币资本金开展日常经营活动。探索开展广东金融机构与港澳地区同业之间的贸易融资等信贷资产的跨境转让的人民币结算业务，拓宽人民币跨境金融交易渠道。二是创立人民币海外投贷基金，募集内地、港澳地区及海外机构和个人的人民币资金，为粤港澳企业“走出去”进行投资、并购提供人民币投融资服务。三是培育金融新业态，推动粤港澳金融服务合作，培育融资租赁、互联网金融、产业金融、科技金融、航运金融和跨境金融等新业态，积极打造“一带一路”金融创新枢纽。

（6）促进湾区服务业开放合作。

高度发达的湾区经济必然对专业服务提出更高的要求。要深入推进粤港澳服务贸易自由化，大力发展会展、旅游、法律、会计、仲裁、建筑设计等专业服务，为内地企业与“一带一路”沿线国家开展经贸、旅游、投资合作提供专业服务。主要对策有：形成优势互补会展集群，联合打造粤港澳国际旅游品牌，推进法律、会计、建筑设计业合作。

（7）打造湾区创新科技引擎。

借鉴“硅谷”的成功经验，打造创新驱动新引擎，加快“粤港科技创新走廊”建设，带动粤港澳科技创新资源向产业链高端集聚。支持粤港澳企业联合“走出去”，参与“一带一路”建设。其主要措施，一是加强科技创新合作，充分借鉴香港科技园公司在科技园区开发管理、企业引进、科技孵化服务等方面的先进经验，推动内地科技创新园区发展。支持在广东设立面向“一带一路”的国家级科技成果孵化基地，推动粤港合作共建科技成果转化和国际技术转让平台。二是发展科技创新产业，推动粤港澳科技联合创新和港澳科技成果在广东实现产业化，深化三方的产业对接能力，促进更多成熟的技术项目在广东转化落地。三是构建新经济发展体系，再造粤港澳经济创新优势。

（8）强化湾区全球商贸功能。

建设粤港澳大湾区，需要充分发挥香港连接全球市场网络和澳门辐射葡语国家的市场优势，加强粤港澳商贸服务的合作和对接，强化广东国际商品的中转集散功能。其主要措施，一是提升全球都会商贸功能，大力集聚国际知名品牌，建设国际都会级商业功能区，形成广东与港澳之间优势互补、错位发展、协作配套的现代服务业体系。承接港澳地区发达的国际商贸优势，加快发展商贸服务业，使深圳、广州等城市成为服务全国、辐射亚太地区的国际商贸中心。二是构建现代外贸产业链，加快建成集保税展示、物流、交易、服务于一体的电商港，构建粤港澳“外贸＋互联网”全新产业链，吸引集聚市场采购、展会交易、信用担保、分销体系、供应链管理等各种类型电子商务企业，促进网上国际贸易中心、离岸贸易中心发展。三是设立全球采购配送中心。四是建设全球消费品集散中心。

建设市场化法治化
国际化营商环境

（一）营商环境是全面开放新格局建设中提升竞争力的重要抓手

1. 世界各个国家和地区正掀起优化营商环境热潮

当今国际经济舞台，经济一体化进程不断加深，范围持续扩大。跨国企业在国际投资经营长期实践中逐步形成一系列为多数国家和投资者所普遍承认、遵守和采纳的习惯做法、规则、先例和原则，这些基本要素有机组合，就形成国际化的营商环境。国际化营商环境是在多年的国际直接投资和商贸实践中逐步形成的，反映了国际商贸活动的客观规律和发达国家、地区投资及商贸的成功经验。通常来讲，营商环境是指商事主体从事商事组织或经营行为的各种境况和条件，包括影响商事主体行为的政治要素、经济要素、文化要素等，是一个国家或地区有效开展经济交流、合作以及参与竞争的依托，体现了该国家或地区的经济软实力。营商环境作为一个复杂的生态系统，不单是由企业自身因素决定的，还是企业之外的政府、社会、市场、文化等诸多因素构成的总和。

全球化竞争日益激烈的当下，“营商环境”建设已经成为世界各国关注的重心。对“营商环境”进行评价的机构和体系应运而生。国际化营商环境到底包括哪些内容，不少相关机构做了有益的探索。英国《经济学人》杂志社制定的企业营商环境指标有数十项，包括经济、政治等方面。世界知名商业杂志《福布斯》通过对世界各国的知识产权、创新、税收、技术、腐败、自由（个人、贸易和货币）、官僚作风、投资者保护力度、股市收益率等11个项目的情况进行评估，公布全球最适宜经商国家和地区名单。

最权威、影响最大的营商环境评估指标体系要数世界银行发布的《全球营商环境报告》。2001年，世界银行提出加快发展各国私营部门新战略，急需一套衡量和评估各国私营部门发展环境的指标体系，即企业营商环境指标体系。2002年，首份《全球营商环境报告》发布。此后，为更好地实施促进各国私营部门发展的战略，世界银行成立Doing Business小组，负责企业营商环境指标体系的创建。2004年，Doing Business小组制定出企业营商环境5组指标，主要侧重企业生命周期的环境指标。2005年，增加了登记物权、税制环境、知识产权保护、跨国贸易、治安环境5组指标。全部10类指标包括开办企业、申请固定资产许可、雇佣工人、注册财产、获得信贷、知识产权保护、缴纳税款、跨境贸易、合同执行和企业破产等方面的状况。此后，世界银行和其下属机构国际金融公司每年都根据这10类指标发表《全球营商环境报告》。

一个国家或地区营商环境的好坏直接影响其招商引资的多寡，同时直接作用于已经在该国家或地区设立的企业的经营活动，也最终影响其经济发展、财税收入、社会就业等国家发展的重要方面。因此，以世界银行为代表的国际机构对国际营商环境的重视推动了世界各个国家和地区不断努力改善各自的营商环境，提升国际竞争力。从2000年到2010年，全球180个经济体总共实行了近2000项监管规定改革。2017

年10月31日，世界银行发布年度旗舰报告《2018年营商环境报告：改革以创造就业》。报告显示，全世界119个经济体在过去一年共实施营商环境改革264项，以创造就业，吸引投资，提高竞争力。在问世15周年之际，该营商环境报告指出，自开始监测世界各经济体内资中小企业营商便利度以来，全球实施营商环境改革总计3188项。发展中经济体在改善营商规管方面取得的进展尤其显著，在该年度中发展中经济体共实施改革206项，占改革总数的78%，其中撒哈拉以南非洲实施改革83项，连续两年破纪录，南亚实施改革20项亦破纪录。大量的改革集中在获取信贷和注册新企业的改善上，各有38项改革。跨境贸易便利化有33项改革。由于政府不断开展重大营商改革，全球在提升营商环境便利度方面持续取得成功。简化开办企业的要求是迄今为止改革最多的领域，从2004年以来总共记录了近600项改革，其中有49项改革是2016年实施的。相比10年前的46天，现在开办企业的全球平均耗时为21天。在菲律宾，10年前纳税需要支付48笔，而现在只需要支付28笔。在卢旺达，财产转移登记耗时从10年前的370天缩短为现在的12天。

2. 国家对营商环境建设日益重视

2013年11月，中国共产党第十八届中央委员会第三次全体会议通过的《中共中央关于全面深化改革若干重大问题的决定》明确了“建设法治化营商环境”的目标。

习近平总书记多次指出“要加快完善公平竞争的市场建设”“改善营商环境和创新环境，降低市场运行成本，提高运行效率，提升国际竞争力”，要求一些特大城市“要率先加大营商环境改革力度”，“营造稳定公平透明、可预期的营商环境，加快建设开放型经济新体制”。

2015 年 1 月，李克强总理在出席世界经济论坛达沃斯年会的致辞中提出，要“下决心继续推进行政审批制度的改革”“以求更大地激发市场活力，营造公平竞争的市场环境”。[①]

2017 年 7 月 17 日，习近平总书记主持召开中央财经领导小组第十六次会议，研究改善投资和市场环境、扩大对外开放问题，会议对营商环境建设作了系统阐述和指示。

习近平总书记在讲话中指出，我们提出建设开放型经济新体制，一个重要目的就是通过开放促进我们自身加快制度建设、法规建设，改善营商环境和创新环境，降低市场运行成本，提高运行效率，提升国际竞争力。外商投资推动了资源合理配置，促进了市场化改革，对我国经济发展发挥了重要作用。推进供给侧结构性改革，实现经济向更高形态发展，跟上全球科技进步步伐，都要继续利用好外资。要加快放开育幼养老、建筑设计、会计审计、商贸物流、电子商务，以及一般制造业和服务业等竞争性领域对外资准入的限制和股比限制。要尽快在全国推行在自由贸易试验区试行过的外商投资负面清单。

习近平总书记同时强调，要加快统一内外资法律法规，制定新的外资基础性法律。要清理涉及外资的法律、法规、规章和政策文件，凡是同国家对外开放大方向和大原则不符的法律法规或条款，要限期废止或修订。外资企业准入后按

① 《李克强出席达沃斯 2015 年会　展示中国奇迹　谋划国际合作》，《光明日报》2015 年 1 月 25 日。

照《中华人民共和国公司法》依法经营，要做到法律上平等、政策上一致，实行国民待遇。北京、上海、广州、深圳等特大城市要率先加大营商环境改革力度。要清理并减少各类检查和罚款，建立涉企收费目录清单制度，严禁越权收费、超标准收费、自设收费项目、重复收费，杜绝中介机构利用政府影响进行违规收费，行业协会不得强制企业入会或违规收费。

习近平总书记最后指出，产权保护特别是知识产权保护是塑造良好营商环境的重要方面。要完善知识产权保护相关法律法规，提高知识产权审查质量和审查效率。要加快新兴领域和业态知识产权保护制度建设。要加大知识产权侵权违法行为惩治力度，让侵权者付出沉重代价。要调动拥有知识产权的自然人和法人的积极性和主动性，提升产权意识，自觉运用法律武器依法维权。[①]

3. 我国市场化法治化国际化营商环境建设取得了显著成就

近些年来，我国深化商事制度改革，扎实推进“多证合一”改革，稳妥实施企业登记全程电子化和电子营业执照改革，推行企业名称登记和简易注销改革，切实加强事中事后监管，推进自由贸易区探索扩大对外开放的体制机制改革，市场化法治化国际化营商环境建设取得了显著成就。

---

① 《习近平：营造稳定公平透明的营商环境　加快建设开放型经济新体制》，新华网2017年7月17日。

（1）法治化国际化营商环境所要求的法律体系初步形成。

我国改革开放的过程是市场经济体制逐步形成的过程，也是市场经济所要求的法律体系逐步完善的过程。改革开放40年来，为了适应市场经济体系的确立与完善，我国法律体系“无法可依”的局面已经改变。社会主义市场经济法律体系初步形成。

（2）政府定位、职能和管理服务方式与法治化国际化营商环境逐步接轨。

中华人民共和国成立初期，照搬苏联的国家理论和计划经济体制，政府机构按照精细化专业管理的思路进行设置。1956年，政府管理部门高达81个。改革开放以后，随着市场经济思想逐步引入和形成，政府的定位逐步发生变化，确立了法治政府、有限政府以及服务型政府的理念。我国分别在1982年、1988年、1993年、1998年和2003年进行了五次较大规模的政府机构改革。2018年最新一次大规模政府机构改革也已基本完成。政府机构改革坚持以适应社会主义市场经济体制为目标，把转变政府职能作为机构改革的关键；坚持精简、统一、高效的原则，把精兵简政和优化政府组织结构作为机构改革的重要任务。政府管理方式从微观管理、事前审批逐步转化为宏观指导和过程监管与事后监管结合。逐步实现了从全面管理到服务企业和服务社会的理念转变。

（3）法律救济逐步向法治化国际化营商环境的要求靠拢。

法律救济主要包括行政执法救济与司法救济。在市场经济发达国家，法律救济主要通过司法救济解决，行政执法救济处于辅助地位，而我国行政执法救济的重要性可与司法救济比肩并行。在法治化国际化营商环境建设中不能照搬市场经济发达国家的法律救济模式，而应建立行政执法救济与司法救济相结合的法律救济模式。近年来，我国在行政执法救济方面探索的经验包括科学界定行政执法的空间，坚持法无授权不可为；压缩行政执法的弹性空间，使行政执法具有确定性；在行政执法过程中，探索执法队伍的统一性，避免分头执法；文明执法、柔性执法，营造文明、有序的营商环境。司法救济既是法治化国际化营商环境建设的保障，又是法治化国际化营商环境建设的重要内容。我国已建立了与此相适应的司法体系和相关制度，如商事仲裁制度、民事诉讼制度、公司律师制度以及国有企业法律顾问制度等。营商环境中的合同执行率指标从侧面反映出我国已基本建成与法治化国际化营商环境相适应的司法救济制度。

（4）社会心理逐步与法治化国际化营商环境的要求相适应。

我国社会实现了从农业经济向工商业经济，从乡土社会向城市社会，从熟人社会向陌生人社会的转变。从社会心理的角度观察，我国社会心理的变迁经历了从信赖亲情到信赖物质财富的转变，正在经历从信赖物质财富到信赖规则的转变。国家层面的简政放权改革和反腐倡廉建设进一步强化了社会公众寻求规则支持的心理基础和指向。全面建成法治国家的政策指引将进一步加速寻求规则支持的社会心理的转型进程。而寻求规则支持的社会心理也是法治化国际化营商环境建设的重要心理基础。

中国创建市场化法治化国际化营商环境的努力也得到世界银行等权威机构的高度认可。在世界银行最新公布的《2018 年营商环境报告：改革以创造就业》中，中国营商环境在全球190个经济体中由2015年的第84位上升到2017年的第78位，其中“开办企业便利度”排名表现亮眼，从2016年的第127位上升至2017年的第93位，共上升34位。[①] 我国的“优化注册流程”分别在“促进开办企业便利度好的改革做法”和“国别典型改革做法列表——中国”两部分中得到世界银行的高度赞赏。

（二）广东营商环境稳步提升

1. 引领全国营商环境建设潮流

（1）在全国率先对“营商环境”进行系统的理论研究和实践。广东省委、省政府强调，在市场经济条件下，营商环境的优劣直接决定市场配置资源的流向和效率。广东要赢得未来发展的主动权，就必须通过深化改革打造市场化、法治化、国际化的营商环境，实现由“政策洼地”向“环境高地”的转变。2012年6月初，广东就组织广东省社会科学院等有关单位开展“建设法治化国际化营商环境”等相关课题的调研，并委托中山大学、广东外语外贸大学开展“坚持社会主义市场化的改革方向　建设法治化国际化营商环境”相关专题研究。同年10月，中共广东省委办公厅、广东省人民政府

① 《世界银行认为中国营商环境持续改善》，中国政府网2017年11月1日。

办公厅印发《广东省建设法治化国际化营商环境五年行动计划》。广东在全国率先以12345热线为载体，整合政府各职能部门投诉举报资源，建立集消费维权、经济违法行为举报和行政效能投诉于一体的投诉举报平台。国务院印发的相关通知全面吸收了广东的经验和做法，并向全国推广。2016年7月8日，广东为贯彻落实《国务院关于推进国内贸易流通现代化 建设法治化营商环境的意见》精神，加快推进国内贸易流通发展方式转变，建设法治化营商环境，制定了《广东省推进国内贸易流通现代化 建设法治化营商环境的实施方案》。

（2）转变政府职能。无论是供给侧结构性改革，还是一流的营商环境的打造，其关键都在于政府职能能否真正实现转变。2015年7月，广东省政府印发的《2015年推进简政放权放管结合转变政府职能工作方案》提出，深入推进广东省简政放权放管结合和转变政府职能的工作，进一步在重要领域和关键环节取得突破性进展，促进经济社会持续平稳健康发展。一年后，广东省政府向各地各部门转发国务院《2016年推进简政放权放管结合优化服务改革工作要点》时要求，大力推行"互联网政务"，重点推进"一门式、一网式"政务服务模式改革。围绕压缩企业申办时间、提高投资项目审批速度、便利群众办事的目标，坚持问题导向，量化政务服务工作相关指标，以硬约束倒逼工作落实，增强改革实效。以"公开为常态、不公开为例外"作为广东全面推进政务公开的重要原则。2016年9月，广东省委办公厅、省政府办公厅出台《关于我省全面推进政务公开工作实施意见》，提出到2020年，全省政务公开广度、深度、参与度显著增强，决策公开、执行公开、管理公开、服务公开和结果公开体系基本形成。

（3）全面推进政务公开，推行“互联网+政务服务”。推行“互联网+政务服务”改革，既让政务“上云端”，又让服务“接地气”。通过改革，建立起公开、透明、高效的政务服务体系，为大众创业、万众创新提供良好的政策环境，更好地调动市场主体的积极性，引导广大群众投身创新创业的时代浪潮。2016年3月，广东出台的《关于在全省推广一门式一网式政府服务模式改革的实施方案》要求，打破部门界限、政务藩篱和信息孤岛，真正实现一扇门、一张网办事，变“群众来回跑”为“部门协同办”。截至2016年底，“一门式、一网式”政府服务模式改革已在广东全面推开，全省行政审批事项网上全流程办理率达76.7%，省网上办事大厅覆盖至镇街。

（4）自贸试验区先行先试“吃螃蟹”。广州南沙、深圳蛇口前海、珠海横琴三大片区肩负为国家先行先试的使命，探索建设对外开放的制度高地，打造市场化法治化国际化营商环境。在深圳前海，地税局将大量税源管理等后端事项，前移到办税服务窗口办理，260多个事项实现即办，40个非即办事项实现同一窗口收件和取件，纳税人填报时间缩短近40%，真正实现“一口办、网上办、马上办、限时办”，为企业发展注入新动力。广东自由贸易试验区出台实施了《中国（广东）自由贸易试验区条例》，围绕制度创新，已形成两批共66项改革创新经验并复制推广。

（5）系统推进商事制度改革。一是要持续做好简政放权的“减法”。系统推进商事制度改革，继续开展开办企业便利度评估，找准企业办事的痛点难点，稳步推进“多证合一”

和“证照分离”改革，全面提升开办企业便利度。围绕名称登记、住所登记等事项深挖改革潜力，最大限度降低开办企业的成本。二是要善于做好加强监管的“加法”。时刻紧绷监管执法这根弦，紧盯市场和人民群众普遍关心的突出问题，以规范的执法，强化依法监管，充分发挥在市场监管中的主力军作用，切实为经济社会发展保驾护航。三是要全力做好优化服务的“乘法”。对接企业和群众需求，不断优化服务。推广银行代办商事登记服务，企业不仅能在工商登记窗口，还可以在银行柜台办理商事登记各项业务。推广全程电子化商事登记，通过“互联网+政务服务”，让信息多跑路，群众少跑腿。四是要积极做好市场退出的“除法”。坚持良币驱逐劣币，对违法违规、影响恶劣的市场主体依法清除出市场，切实维护市场公平。对不诚信经营的一些市场主体，要通过联合惩戒、简易注销等有效措施，引导督促退出市场，以更好地提高市场主体质量，净化市场经营环境。

（6）稳步推进对外资提升营商环境。2017 年 12 月 4 日，广东公布《广东省进一步扩大对外开放积极利用外资若干政策措施》（以下简称《措施》）。该政策围绕进一步扩大市场准入领域、加大利用外资财政奖励力度、加强用地保障、支持研发创新、加大金融支持力度、加大人才支持力度、加强知识产权保护、提升投资贸易便利化水平、优化重点园区吸收外资环境、完善利用外资保障机制 10 个方面，拿出了切实可行的“干货”。《措施》围绕外资促进实体经济发展这条主线，聚焦优质外资、世界 500 强企业、总部经济、研发创新，提出扩大关键领域对外开放，对外商投资实体经济项目、设立总部或地区总部达到一定规模的，对世界 500 强企业、全球行业龙头企业投资符合规定条件的，以及经认定的外资研发机构等，在用地、财税、金融、人才各方面都将给予政策支持。该政策进一步推动了广东形成对外开放新格局，重塑广东营商环境新优势，打造法治化、国际化、便利化营商环境，重点加强对高端外资、高端人才的吸引力，推动广东利用外资向更高层级、更高质量发展。《措施》获得了外资企业特别是知名跨国公司的高度评价，认为措施务实创新、简明易记，契合外国投资者特别是世界500强企业在广东投资的核心关切，各方面的措施都具有很强的吸引力。

（7）营商环境的改善和提升，引来了先进产业资本的踊跃投资。2017年3月下旬，总投资22亿元的百济神州生物药项目在中新广州知识城破土动工。作为广州市重点引进的百亿级产值生物医药企业，百济神州生物药业有限公司携手美国通用电气公司（GE），助推广州打造世界级生命健康产业领军城市。百济神州生物药项目从与广州开发区正式签署投资协议到动工仅14天时间，这样的效率折射出来的是省市政府改革营商环境的力度。无独有偶，2017年3月，富士康第10.5代显示器项目在广东增城正式动工。这是广州改革开放以来投资规模最大的境外投资项目，项目总投资610亿元，一期项目预计2019年6月完工，投产后年产值920亿元，将吸引近百家上下游产业链和关联方企业在粤投资发展，可望形成千亿级新型显示产业集群。“（项目）从意向到谈判到签约到动工，一共大约100天，完成所有法律程序，政府团队行政效率令人吃惊。”富士康集团总裁郭台铭如此说道。现在世界城市的竞争，比拼的是经济，速度是生命，行政效率是关键。郭台铭同时表示：“我们公司在全世界27个国家都设有工厂，可以明确告诉各位，在行政效率上，广州是 No. 1，这是摆在面前的事实。”

2. 广东营商环境建设存在的有待加强的方面

（1）依法行政与服务型政府理念有待制度落实。

依法行政与服务型政府虽然已经成为社会共识，但相关制度还有待进一步落实。首先，政府管理的对象有待进一步厘清，政府职能也应随着世界政治经济形势和我国社会经济变化而发生变化。其次，简政放权在中央政府层面虽已启动并进展迅速，但在地方政府层面仍然存在明放暗不放，执行打折扣等现象，加上个别管理人员的权力寻租使法治化国际化的营商环境建设进展缓慢。最后，政府办事部门仍然存在办事效率不高和相互推诿的情况。

（2）执法为民与公正司法有待措施到位。

虽然国家早在 2000 年前后就提出要执法为民，但政府，尤其是地方各级政府执行的具体措施仍待完善。首先，行政执法的统一性要求并未得到具体措施的支持，多头执法现象仍然普遍存在。其次，选择性执法仍然成为社会诟病的重要方面。最后，弹性执法、野蛮执法、徇私枉法等现象并未从根本上根除。司法不公正还是制约建设市场化法治化国际化营商环境的阻碍性因素，具体包括案件受理难、地方保护、同案不同判、枉法裁判等。

（3）人力资源与融资成本是营商环境中市场环境建设的瓶颈。

广东与全国步调一致，已经逐步形成了自由流通的人力资源市场。但是，人力资源市场与市场化法治化国际化营商环境建设的要求仍存在距离。首先，城乡二元格局的藩篱虽已打破，但影响人力资源自由流动的制度性障碍仍然存在，如户籍制度、医疗保险与社会保障制度等。其次，劳动生产力水平与发达市场经济国家相比，甚至与金砖国家相比仍处于较低水平。再次，具有专业水准的技术工人不能满足企业发展的需要。最后，《中华人民共和国劳动合同法》的过度超前性在一定程度上增加了企业的用工成本，特别是企业的非工资性用工成本。融资难、融资成本高、融资风险大已经成为我国企业发展的瓶颈。破解上述困境，既需要顶层设计，又需要制度落实。在顶层设计方面，需要适度开放民间资本市场，开放民营银行和中小银行并加强对民营银行和中小银行的监管。在具体制度方面，需要适度放开贷款利率等具体经营措施，形成竞争性融资局面。

（4）知识产权保护是营商环境中投资环境建设的短板。

2017 年，广东省专利申请量 62.78 万件，同比增长 36.01%；专利授权量 33.26 万件，同比增长 28.42%，专利申请及授权量均居全国首位。发明专利申请量 18.26 万件，同比增长 30.88%，发明专利授权量 4.57 万件，同比增长 18.42%。每万人口发明专利拥有量 18.96 件，比上年同期增加 3.43 件，是全国平均水平（9.8 件）的 1.93 倍。截至 2017 年底，广东省有效发明专利量突破 20 万件，达 20.85 万件，连续 8 年居全国第一。[①] 但是，对知识产权的具体保护不足已成为法治化国际化营商环境要求的短板，如山寨现象横行，假冒行为屡禁不止，知识产权保护的维权成本过高等。除提

① 《广州日报》2018 年 2 月 8 日。

升国人的知识产权保护意识以外，提高侵害知识产权的违法成本可能是保护知识产权的最佳措施。

（三）未来工作的重点路径

1. 提倡和确立系统、综合建设营商环境的理念

市场化法治化国际化营商环境建设是一项社会整体性系统工程，不能单纯关注某一类型的主体或社会生活的某一方面，而应当充分调动社会、政府、企业、个人各方的积极性，从建设法治社会、廉洁政府，释放企业活力，优化配置社会资源等方面着手，以自由、公平、秩序、安全、包容以及可持续发展等价值理念为基本导向提高和改善营商环境。

以自由为价值目标导向的营商环境建设要求政府权力的适当干预，倡导有限政府理念。在法无明文规定即为自由的权利推定规则下，最大限度赋予市场配置资源的权力，激发市场活力，充分调动企业和个人的积极性。公平包括形式意义上的公平与实质意义上的公平。我国改革开放早期为吸引外资，给予外商投资企业超国民待遇具有一定的必要性，但是这一做法无疑违背了公平的价值理念。随着我国经济实力增强，资金充足率提高，吸引外资已经不能作为给予超国民待遇的正当性理由。秩序价值理念要求为各种类型的市场主体保持一种有序、稳定的社会市场状态。安全价值体系要求对投资者的财产进行保护，并对投资者的人身进行良好保护

以实现安全的目的。包容价值体系提倡对差异性事物，尤其是创新创业的容错、宽容态度。可持续发展不限于对眼前、短期利益的追求，而是注重经济以及社会的长远发展，市场化法治化国际化营商环境建设需要考虑可持续发展价值，不能单纯为经济发展速度，而置资源承受能力以及子孙后代于不顾。

2. 建立与市场化法治化国际化营商环境相适应的法治体系和执行机制

在国家层面，配合、促请国家完善电子商务法律法规，加速制定电子商务基本法。尽快制定商品流通法，维护商品流通的市场秩序，发挥政府在市场失灵时的干预作用。准确定位服务贸易现状，完善金融服务贸易、运输服务贸易、旅游服务贸易、专有权利使用与特许服务贸易相关立法。外商投资实施国民待遇原则，取消审批制，实行注册制。政府依法干预，实现市场监管高效、合理。改革商事仲裁和劳动仲裁制度，建立多元化的企业纠纷解决机制，完善公司律师制度和总法律顾问制度，探索巡回法庭与专业法庭制度，降低企业纠纷解决成本。

3. 建立以自由、平等、效率为核心价值的国际化营商环境

降低市场准入门槛，保障企业平等参与市场竞争。消除市场主体歧视，建设公平竞争环境。推进保障民生的基本制度改革，改变人才培养模式，促进人才自由流动。提升基础设施服务水平，降低获取资源的成本。建设信息质量高、服务便利的基础信息平台。禁止权力寻租，保护产权，营造适于企业经营发展的外部环境。加强投资目录建设，依法限制政府权力，释放市场活力，促进企业的转型升级，提升企业的国际化水平。以政府“负面清单”制度建设为核心，激活市场，加强与国际社会接轨。

4. 建立以效率、廉洁、有序为核心价值的商务政务环境

倡导法治政府与服务型政府理念，尊重市场规律，发挥市场在资源配置中的基础性作用以及政府弥补市场失灵的作用。科学制定政策、加强依法行政、强化执行主体素质和提升执行资源的配置效率，强化地方政府执行力。将政府行政管理体制改革工作放在突出位置，通过实现审批“瘦身”等体制改革强化地方政府执行力。构建“事先防范—事中管控—事后惩戒”这一防治商业贿赂的全程监控体系。

5. 将广东自贸试验区打造成为营商环境建设的排头兵

针对困扰广东进一步开放发展的重大问题及广东营商环境建设面临的主要困境，都可以在自贸试验区探索、试行解决办法，取得经验再扩大推广。应在负面清单、国际人才港、国际贸易“单一窗口”、第三方检测结果采信等方面进一步完善相关制度。加强与港澳合作方面的开拓创新。全面落实粤港、粤澳合作框架协议，积极推动合作模式创新。积极探索《关于建立更紧密经贸关系的安排》（CEPA）框架下的负面清单管理模式，对港澳服务提供者投资负面清单以外领域试行改审批制为备案制。

加快服务贸易的自由化与便利化

当前，服务业跨国转移和服务贸易的快速发展，已成为经济全球化的新趋势和新特征。党的十九大报告提出，推动形成全面开放新格局。拓展对外贸易，培育贸易新业态新模式，推进贸易强国建设。① 商务部表示，在未来的发展过程中，要以更高水平的开放引领发展，科学谋划开放路径，聚焦自贸试验区、服务贸易创新发展试点、服务外包示范城市等试点示范建设，持续扩大服务贸易对外开放，加快建立新时期服务贸易开放发展新体制新模式。

随着产业升级、结构优化和经济转型的强势推进，以及广东在全面开放新格局上走在全国前列，服务业必将成为中国经济下一个主要增长点。这种趋势对广东来说更为明显，服务贸易创新试点的利好政策，推动广东服务贸易与投资自由化加快发展。2016 年 2 月 25 日，国务院印发《关于同意开展服务贸易创新发展试点的批复》，同意用两年时间，在天津、上海、海南、深圳、杭州、武汉、广州、成都、苏州、威海 10 个省市和哈尔滨、江北、两江、贵安、西咸 5 个国家级新区开展服务贸易创新发展试点，给予了非常好的政策支持，重点对服务贸易管理体制、发展模式、便利化等 8 个方面的制度建设进行探索。

同时，广东率先与香港及澳门基本实现服务贸易自由化，这也为深化粤港澳合作，依托大珠江三角洲地区，实现创新驱动发展提供极大的契机和巨大的推动力。因此说，将粤港澳合作聚焦于服务贸易的自由化，是相当务实又深具眼光的。

---

① 《决胜全面建成小康社会 夺取新时代中国特色社会主义伟大胜利》，人民出版社 2017 年版，第 34—35 页。

（一）服务贸易的基本概念及主要形式

传统的国际贸易指的是货物贸易，即货物商品在国与国之间的交易。那么国际间的服务贸易，自然就是“服务”这种特殊商品在国与国之间的交易。粤港澳服务贸易，就是“服务”这种特殊商品在粤港澳三地之间的交易。

1. 服务贸易的基本概念

服务贸易（Trade in Service）是随着第二次世界大战后经济的快速发展而发展起来的。发达国家在货物贸易取得巨大成功的同时，国家和人民的财富水平得到了提高，相应地增加了对服务产品的需求。伴随着服务产业的发展、技术水平的提高，服务产品走出了国界走向了世界，这便形成了服务贸易。

服务贸易这一概念最早出现在1972年经济合作与发展组织（OECD）签署的“东京回合”的决议中，1974年美国的《1974年贸易法》中也使用了这一词汇。随着服务业及服务贸易的快速发展，这一词汇逐渐被各国认可。

服务贸易是指一国的法人或自然人在其境内或进入他国境内向外国的法人或自然人提供服务的贸易行为。①

除了各国学者对服务贸易的定义进行了界定外，一些经

① 陆维文：《管理学大辞典》，上海辞书出版社2013年版。

济合作组织也对服务贸易的内涵作出了阐释，如 1989 年起正式实施的《美加自由贸易协定》（FTA），第一次正式以法律文件的形式提出了服务贸易，认为“服务贸易是指由或代表其他缔约方的一个人，在其境内或进入一缔约方提供所指定的一项服务”。其中，“指定的一项服务”包括：为了生产、分配、销售及传递进行的采购活动；进入或使用国内分配体系；为了分配、营销、传递或促进一项指定的服务而建立一个分支机构（商业存在）。

2. 服务贸易的主要形式

在关贸总协定乌拉圭回合的服务贸易谈判中，各国成员经过反复讨论，服务贸易被界定为如下四种方式：

（1）跨境交付（Cross-border Supply），即从一成员的境内向任何其他成员境内提供服务；

（2）境外消费（Consumption Abroad），即从一成员的境内向任何其他成员的服务消费者提供服务；

（3）商业存在（Commercial Presence），即一成员的服务提供者在任何其他成员境内以商业存在提供服务；

（4）自然人流动（Movement of Natural Persons），即一成员的服务提供者以自然人存在到任何其他成员境内提供服务。

表 2－1　关贸总协定定义的服务贸易提供的四种方式

		服务提供者	
		移动	不移动
消费者	移动	自然人流动	境外消费
	不移动	商业存在	跨境交付

我们对上述概念作进一步的解释：

方式一，跨境交付的提供者和消费者分处不同的国家。它可以没有人员、物资和资本的流动，比如一家咨询公司向国外一家客户提供法律、信息、管理等专业性咨询服务，而这样的服务仅通过通信手段即可实现。当然也可以有人员或物资的流动，比如一家租赁公司提供出租服务，或者一家运输公司提供运输服务等。

方式二，境外消费的特点是消费者到境外接受服务，比如到国外接受治疗，到国外旅游、接受培训、进行技术鉴定等。

方式三，商业存在也称为服务业 FDI（外商直接投资），是服务贸易四种提供方式中非常重要的一种。它的特点是服务提供者，以合资或者独资的形式，到国外开设服务型企业或分支机构，为当地消费者提供服务并收取报酬。常见的企业类型如银行、电信、会计事务所、律师事务所、连锁超市、连锁快餐、维修服务站等。

方式四，自然人流动与商业存在都是在境外向国外消费者提供服务。不同的是商业存在通过开设商业机构、建立企业提供服务，而自然人流动具有个体性和暂时性，比如服务提供者到境外提供技术维护活动，提供会计咨询或者法律咨询等服务。

（二）广东服务贸易发展的历史、现状及现代国际新形势下的新使命和新模式

广东长期以来是我国对外贸易第一大省，对外开放历史悠久，是我国对外开放的重要窗口。近年来，从自贸区建设到“一带一路”建设，再到粤港澳大湾区建设，广东对外经济迎来多重发展机遇，也承担着更为重要的核心枢纽责任；广东是“一带一路”的重要支点，与“一带一路”相关国家贸易额居于全国领先地位，是我国与沿线国家经贸合作量最大、人文交流最密切、文化联系最广泛的外贸大省；在粤港澳大湾区建设中，广东是深化改革的试验田，而且必须为全国探索开放型经济新体制提供先行先试的有力支撑。

1. 广东服务贸易的发展历史

从40年前开始，以邓小平、胡耀邦、习仲勋等为代表的党和国家领导人倡导实事求是，在实践中大胆解放思想，并将这种作风落实到党政部门的各项工作，尤其是经济建设这一核心工作中。以当时省委第一书记习仲勋为首的广东各级领导，更是把“实践是检验真理的唯一标准”应用到广东（尤其是特区）的经济社会等各项工作，特别是粤港澳经贸交流与合作中，取得了举世瞩目的巨大成就。

其中最突出的，从城市的角度来说，就是深圳、珠海两个经济特区的成功建设与高速发展；从企业的角度来说，就

是无数港澳投资企业在广东的创办与发展，极大地推动了广东经济腾飞与社会进步；从产业的角度来说，加工贸易帮助广东成为全国第一外贸大省，而且保持30多年不变。

为促进内地与港澳之间的优势互补，实现互利共赢，中央人民政府在2003年6月和9月，分别与香港、澳门特别行政区政府签署了《关于建立更紧密经贸关系的安排》（以下简称CEPA）。但该合作协议在服务贸易方面的阶段性突破口，应是广东与港澳在2008年签订、从2009年开始实施的《CEPA补充协议五》，广东由此先行先试服务业对港澳扩大开放。此后，广东与港澳服务贸易合作日益深入。相关数据显示，自2013年《CEPA补充协议十》签署后，广东对港服务业先行先试政策已达79项，对澳服务业先行先试政策已达68项。依照世界贸易组织的服务贸易部门分类，广东对港澳服务贸易开放措施所涉及部门已达149个，占160个部门总数的93.1%。

2014年12月，商务部代表中央人民政府与香港、澳门特别行政区政府分别签署《〈内地与香港（澳门）关于建立更紧密经贸关系的安排〉关于内地在广东省与香港（澳门）基本实现服务贸易自由化的协议》（以下简称《协议》），并从2015年3月1日起正式实施。该《协议》的签署，使得广东服务业对港澳开放广度将达到95%，从而实现2016年底前率先基本实现粤港澳服务贸易自由化的目标。

以上说的是合作广度，而在合作深度方面，港澳服务业在广东市场准入的自由化程度也在逐步提高，国民待遇的限制逐步减少。对于金融、物流、文化创意、专业服务、建筑及相关工程等领域，在资金限制、人员比例、经营范围等方面，港澳服务提供者进入广东的门槛也在进一步降低。和以往的CEPA补充协议相比，新签署的《协议》以负面清单为主，绝大多数部门以准入前国民待遇加负面清单的开放方式予以推进，少数敏感部门继续采用正面清单的开放方式。开放部门将达到153个，涉及世界贸易组织服务贸易160个部门总数的95.6%，其中58个部门拟完全实现国民待遇；在采用负面清单的134个部门中，保留的限制性措施共132项。同时将给予港澳最惠待遇以协议方式进一步地明确下来，即今后内地与其他国家（或地区）签署的自由贸易协定中，优于CEPA的开放措施全都会自动地适用于香港和澳门。为了切实推进服务贸易自由化的工作，中央政府有关部门已会同广东，对港澳探索建立健全与负面清单管理模式相适应的相关配套制度，将为广东与港澳基本实现服务贸易自由化提供制度保障。

2. 广东服务贸易的现状

广东虽有临近港澳的优势，服务贸易量逐年增加，但目前总量过小，占全国的比重相当低。广东的服务贸易目前还是靠传统服务业来推动，外商投资也主要集中在传统服务业，现代服务业无论是在服务贸易还是利用外资方面，所占的份额还是很小。

当前国际上服务贸易发展相对比较好的国家，它们服务贸易的输出规模都比较大，服务类型也比较广泛，除了比较成熟的传统服务业如旅游、交通运输和建筑行业之外，金融保险、教育文化、医疗卫生等各种专业服务如雨后春笋般不断涌现。与外国相比较，广东服务行业的发展相对滞后，服务贸易仍然停留在传统服务贸易阶段，主要有交通运输、对外承包工程、劳务合作等，以及范围有很大局限性的国际旅游，服务输出类型单一、技术含量低、规模也很小。若与自身的货物贸易相比，广东的服务贸易也相对滞后。广东2016年进出口贸易总额占全国的四分之一，但服务贸易量却相对滞后。

目前广东正充分利用香港服务经济的优势，把香港的金融投资、贸易物流、管理咨询、会计审计、财务管理、国际化运作等服务功能，与珠三角地区制造业体系相结合，从而提升制造业整体素质。粤港两地逐步建立服务业新型竞合关系，规范粤港相同层次的服务企业在客户资源、业务推广、经营成本、报价等方面的竞争，推动香港在许多中高端服务领域与广东互补合作。通过引进香港现代服务业，既可为广东服务领域带来外来竞争压力，形成完善质量、降低成本和提高效率的动力机制，还可为开创新业务、提供新产品发挥示范作用。

再来看澳门，服务业早已是主导产业。但澳门服务业以博彩、旅游为龙头，各服务行业间发展失衡，金融与航运、建筑行业较发达，科技、信息、教育等高端服务业薄弱，一些新兴产业如通信、传播、信贷、投资等涉猎甚少。相对来说，粤港服务业发展要均衡得多。所以，澳门与香港、广东加强服务贸易往来，既可弥补澳门服务结构失衡的缺点，又能加强文化娱乐、博彩等服务行业的竞争力。

可预见的是，粤港澳服务贸易的发展前景很广阔。对于那些仍留在本地的制造业来说，无疑仍旧需要配套的生产性、生活性服务业，要转型升级的话，更加需要知识产权等方面的服务业。对于那些转移出去尤其转移到国外的制造业来说，就更加需要服务业乃至跨境服务业的配套，比如信息咨询、法律、会计、金融投资等。

3. 国际新形势下广东服务贸易的新使命、新模式

2017 年 5 月，“一带一路”国际合作高峰论坛指出，要将“一带一路”建成开放之路，打造开放型合作平台，必须推动构建公正、合理、透明的国际经贸投资规则体系，并强调“贸易”是经济增长的重要引擎，要维护多边贸易体制，推动自由贸易区建设，促进贸易和投资自由化便利化。

“一带一路”承载经济全球化三大任务：以基础设施互联互通为依托，以产能合作和服务贸易为重点，以建立多层次、多种形式的自由贸易区网络为目标。这既是“一带一路”可持续发展的重要制度安排，也是“一带一路”推动经济全球化的重大任务。“一带一路”沿线国家和地区基础设施建设需求巨大，产能合作和服务贸易是“一带一路”沿线国家和地区间合作的重点。

目前，“一带一路”沿线国家和地区间的产能合作和服务贸易合作已经展开。2016 年前三个季度的数据显示，“一带一路”沿线国家和地区间的服务贸易整体规模保持快速增长。2016 年 1—10 月，“一带一路”沿线国家和地区间的服务贸易进出口总额为 42915 亿元人民币，传统服务出口占比有明显下降趋势，而以技术服务、广告服务等为代表的高附加值服务领域的出口呈现快速增长趋势。

同时，对 2017 年中国服务贸易数据进行分析可看到，以金融服务为重点的企业“走出去”滞后于实体企业“走出去”

的步伐。中国是一个制造大国，制造服务行业产能过剩，企业面临着同质化竞争和过度竞争的双重压力，开展国际产能合作成为必须要走的路。在深化产能合作的同时，拓展优势产业链上下游的服务业领域的合作，诸如在相关咨询服务、研发设计、工程承包、第三方认证、支付、金融、保险、物流等方面的合作，把产能合作与服务贸易“两相结合”成为推动我国走向服务贸易强国的重要途径。

此外，在粤港澳服务贸易自由化方面，国务院正式公布的《国务院关于在广东省对香港、澳门服务提供者暂时调整有关行政审批和准入特别管理措施的决定》[①]，改革香港、澳门服务提供者在广东投资服务贸易领域的管理模式，并对港澳服务提供者在广东投资电信、职业技能培训、海运、娱乐场所、征信业、游戏游艺设备销售、空运支持服务等领域暂时调整有关行政审批。这进一步巩固和发展了深化改革、扩大开放的成果，从制度上保障了对港澳基本实现服务贸易自由化工作的顺利推进，这是自觉运用法治思维、法治方式推动改革的又一重要举措，对推进国家治理体系和治理能力现代化、加快政府职能转变具有重要意义。此外，通过这种大范围、宽领域的开放措施，在广东对港澳实现服务贸易自由化，可加速构建一个更加开放的经济新体制，为进一步扩大对外开放积累经验，也表明中国政府全面深化改革、不断扩大对外开放的坚定决心。

---

① 《国务院关于在广东省对香港、澳门服务提供者暂时调整有关行政审批和准入特别管理措施的决定》，中国政府网 2015 年 3 月 10 日。

（三）广东服务贸易存在的问题及原因探讨

广东一直致力于建设服务贸易强省，推动服务贸易便利化自由化，利用国内外市场资源，推动特色服务贸易，形成互补及丰富的服务贸易种类，提高现代化服务发展水平，推动广东在新一轮国际竞争中取得优势地位。特别是在粤港澳服务贸易自由化的进程中，三地政府正全力以赴推进本地服务业的开放与贸易，尤其是广东省政府提供了诸多为人所称道的平台和实施了一系列措施，取得不少成绩。但另一方面，广东服务贸易也存在诸多问题，制约其进一步发展，以下将分别从政府政策、市场空间、文化与人力资源、企业运营、CEPA及负面清单等方面进行分析。

1. 政府与政策的不足之处

（1）宏观调控政策不完善。

宏观调控政策往往是促进本地经济发展的重要因素，能导致市场需求的变化，进而影响到有关产业及各大产业结构。广东曾抓住中国改革开放的历史性契机，在经济循环积累效果中实现质的飞跃。可在近年的新形势下，广东并没有实施特别有力、有效的宏观政策引导粤港澳之间的贸易，实现三地服务贸易的聚变式发展。港澳服务业者在广东经营过程中，仍会遭遇隐形壁垒、政策透明度等问题。

（2）有些政策还没贯彻实施。

在粤港澳服务贸易自由化协议中，许多开放领域存在着经营时间、资本总量的限制，导致它们仍处在开放和禁止之间。因此说，从该协议的签订到完全落地之间仍然有较远的路要走。

（3）政府部门权责不清。

在政府部门间存在互相推诿、利益协调不畅、风险规避，以及传统“管制政府”所导致的“大政府、小市场”等问题。当有权利可图的时候，就蜂拥而上；当要履行责任和义务的时候，却互相推诿。

从自贸区的监管来说，应以自由便捷作为出发点。新加坡是世界上把自贸区监管做得最好的国家之一。其监管模式是通过信息化“一站式”电子通关系统，连接海关、检疫检验、税务及安全等35个部门，并且全天候24小时运行，自动接收、处理、批准和返还企业申报的电子数据，将检验检疫监管工作推至产品制造过程的关键环节。同时可向生产环节的管理机构提出申请，经过管理机构的批示后，经营者能在10分钟内获得是否准许的通知。迪拜自贸区企业化运营的政府机构，即各自贸区的管理局，也同样是为客户提供“一站式”服务的。

2. 市场空间与行业结构存在问题

（1）隐形壁垒制约市场空间。

在实践中，因为存在观念和制度差异，导致广东一些基础性服务行业，如公共教育、基础医疗卫生、基础住房保障、公共文化、体育等领域还未实现彻底放开。而因市场制度不健全，广东仍存在未开放与半开放的服务领域。另外，在粤港澳服务贸易过程中，港澳企业面临市场制度上的隐形壁垒，如营商环境、市场自由度、金融环境等，严重限制了三地贸易自由化的施展空间。

（2）广东服务业的现有发展水平参差不齐。

较有优势的为软件信息、文化旅游与交通运输等行业，知识密集型的服务行业则较为薄弱，现代服务业如金融、航运与物流等发展情况尚不尽如人意。另外，广东企业有这种担心，即港澳服务业入驻将会形成强大的冲击，这成为广东服务业对外开放的阻碍力量。他们认为若对港澳企业完全开放，将会影响到自己企业的经营状况，如因竞争优势不及港澳企业而导致业绩下降等。

（3）通货膨胀削弱比较优势。

近年，广东服务行业的总体价格涨幅很大，由此降低了广东服务业的贸易优势。服务业价格上涨有两大原因。一是市场作用。与制造业相比，服务行业附加价值较高，所使用的人力资源层次也较高，加上有市场限制及垄断等因素，故而总产值比制造业上升得更快，而总产量上升却比较慢，因此服务业的产品价格上涨就比较严重。其结果会导致需求降低，迫使生产量减少。这就造成一种恶性循环：广东在三地服务贸易中的比较优势降低，导致贸易份额降低，经济增长停滞。二是非市场作用。由于禁止、管制和限制竞争等问题，导致服务业高收费、低竞争，降低了广东服务业的贸易优势。

3. 企业直接面临经营困难

从事粤港澳服务贸易的有关企业，在具体的运营过程中遇到诸多问题和挑战。比如港澳企业进入广东后，面临法治环境、知识产权、税制税率、国民待遇、申诉渠道等方面的困难，还有人才缺失等方面的问题。

在税制税率方面，目前关于服务贸易企业的税收政策存在着税制复杂、税种过多、税率过高、跨区域税制差异、税收优惠制度不合理，以及税收稳定性不足等问题。例如有企业指出，退税制度的执行低效（效率低、效果差），政策落实力度有待提高。

在法治环境方面：第一，由于粤港澳三地实行的法律体系不同，在实际开展服务贸易业务的过程中，企业面临着部分法律法规缺失、跨区域相关法律冲突等问题；第二，法律监管较薄弱，存在依法行政观念不强、违法成本过低等现象，阻碍着粤港澳服务贸易的自由化进程；第三，实施备案制的法治体系不完善，没有制定明确的相关法律和法规进行约束；第四，信用体系的规划建设落后，这一直都是我国的薄弱环节，广东并不例外，对此也没有出台相应的法规和政策进行约束。

法治化的营商环境对促进粤港澳服务贸易自由化至关重要，法律监管和知识产权保护方面的问题是构建法治化营商环境所不可忽视的。

4. 文化融合与人力资源不够充足

虽然说粤港澳三地的历史文化同根同源，在地缘、人缘等方面都有利于开展合作，但毕竟港澳在外国文化浸淫下的时间很长，接受西方文化观念比较多，形成了香港、澳门自身独特的城市文化。这就与广东形成文化差异，和内地其他省区的差异更大。各地文化不同，且文化融合困难。粤港澳的社会制度不同、风俗民情存在差异，导致企业在跨境经营活动中，面临着文化观念冲突、与当地商业规则难以适应、跨区域员工融合不足等问题。在“负面清单”实施近一年后，该问题仍未能获得解决，值得相关部门关注且采取有效的措施补救。

在人力资源方面，第一是本地专业人才不足，尤其匮乏国际化的高层次人才。服务业的发展更多依赖于人才和市场空间，人力资本对服务贸易的发展起着关键性作用。广东中高端人才荒是服务业转型升级艰难的本质问题，在法律、科研文艺、计算机服务、会计税务、精算等方面的高级专业人员缺失，高级管理者的素质与港澳同行相比也有较大差距。第二是企业人才流动遭遇障碍，高端人才较难引进，本地人才本来就不多，却还经常无法留住。第三，粤港澳服务业的行业标准不同，导致合作过程中资格互认困难。虽然香港有大量优秀的专业人才，但粤港澳行业标准存在差异、专业资格无法互认、审批手续复杂等因素阻碍和影响人才流动。第四，和前述问题有关，粤港澳人才之间存在文化差异，而且人才市场不发达。

由于粤港澳三地的业务内容与水准不相同，监管体制和保险也不相配套，所以就算专业人士能够拿到异地的营业执照，也不一定就能够做好相关的工作。

5.“负面清单”落实仍存在困难

粤港澳服务贸易的负面清单虽有一些亮点，但在落实过程中仍有不少问题。

（1）CEPA 负面清单存在有限性、被动性和滞后性。

粤港澳服务贸易自由化有赖 CEPA 来实现，但 CEPA 实施多年来，现仍存在条文不明确、信息不透明、实际开放程度低于文本开放程度、审批程序繁琐等问题。

国家各部委的规章制度，因采用的具体标准不同，存在一定程度上的不兼容。这就使得 CEPA 的开放成了“大门开、小门不开”“小门开了还有玻璃门”，在实施过程中缺乏可操作性，因而需要各部委、各级政府的共同努力和协调推动。

（2）企业对负面清单的了解及使用情况不理想。

CEPA 负面清单出台后，将整个内地市场对港澳服务业敞开了大门，打破了港澳服务业企业进入内地的外部壁垒，其开放程度和优惠力度高于中国加入 WTO 承诺的水平。然而港澳服务贸易的相关企业进入内地时，近七成的企业认为其所在行业的港澳服务贸易提供者对负面清单的使用程度为基本没有，或使用程度仍较低；只有 17% 的受访企业认为，企业对负面清单的使用程度很高；另有少数企业表示，负面清单的优惠条款申请难度很高或一般。此外还有 66% 的受访企业表示，不清楚负面清单的相关政策，并希望能作进一步了解。因此，接下来如何进一步宣传 CEPA 负面清单协议，落实负面清单优惠条款应当是实现粤港澳服务贸易自由化过程中的一个重要环节，或称为一项重要任务。

（3）负面清单需要政府权限的配套。

负面清单这种市场管理模式要求政府简政放权，以让市场在资源配置中起决定性作用，同时也更好地发挥政府作用。这也就是说，香港、澳门服务业进入内地市场，关键在于政府放权应和市场的负面清单形成配套。不过政府各部门在

"负面清单"管理中，对"正面清单"的界定存在着困难。

此外在中央部委和地方政府之间，以及地方各政府部门间的权责协调仍存在较大问题。负面清单本是由广东和港澳两地签订的区域间服务贸易协议，实施范围仅限于广东境内，但清单所涉及内容，有不少需由中央有关部委来授权。如果这些开放措施的审批权限无法配套，则可能造成负面清单落实困难。

（四）广东服务贸易的发展前景及促进广东服务贸易自由化便利化的政策建议

1. 广东服务贸易的发展前景

（1）广东将成为我国三大服务贸易核心区之一。

"十二五"期间，我国服务贸易快速发展，服务进出口年均增长15.7%。为推进服务贸易领域供给侧结构性改革，完善服务贸易体制机制，提高服务贸易开放程度和便利化水平，商务部会同13个部门于2017年3月共同印发了《服务贸易发展"十三五"规划》（以下简称《规划》）。

《规划》明确了完善发展体制、优化行业结构、壮大市场主体、培植创新动力、扩大开放合作、健全监管体系六项主要任务；提出了优化营商环境、完善促进体系、健全合作机制、强化人才支撑、加强统计考核五个方面的保障措施。

对优化境内服务贸易布局，《规划》提出，围绕国家区域发展总体战略，打造北京、上海、广东服务贸易核心区和环渤海、长三角、泛珠三角服务贸易集聚圈，在此基础上积极发展“两横一纵”服务贸易辐射带，努力形成三核引领、区域集聚、纵横辐射、全面发展的服务贸易地域布局。

其中，在打造三个服务贸易核心区方面，打造北京服务贸易核心区，以北京市服务业扩大开放综合试点为契机，努力探索适应服务业和服务贸易发展的体制机制，培育“北京服务”世界品牌，带动京津冀服务贸易协同发展；打造上海服务贸易核心区，支持上海建设面向全球的服务贸易中心城市，加快上海服务贸易创新发展试点，对接高标准国际贸易投资规则，构建公平竞争的市场环境，完善政策支持体系，促进服务业各领域双向投资；打造广东服务贸易核心区，以广州、深圳服务贸易创新发展试点建设为重要抓手，发挥中国（广东）自由贸易试验区平台优势，深入推进粤港澳服务贸易自由化，提升广东对区域服务贸易发展的辐射带动力；在打造三大服务贸易集聚圈方面，对打造泛珠三角服务贸易集聚圈，《规划》明确，突出广东服务贸易核心区与港澳服务贸易合作的定位，促进粤港澳之间资金、信息和人员的便捷流动，推动专业服务、金融服务、文化贸易、研发设计、服务外包等领域服务贸易资源向广东及其周边地区集聚，努力把泛珠三角建设成为引领华南、携手港澳、辐射东南亚、面向全球的服务贸易发展高地和综合服务枢纽。

（2）服务贸易自由化是广东自贸区推动港澳合作的亮点。

在 CEPA 框架下，粤港澳将基本上实现服务贸易的自由化。目前服务贸易部门共有 160 个，广东对港澳地区开放的则有 153 个，这是广东自贸试验区特有的，其他地方没有。

香港、澳门在国家改革开放试验当中发挥着十分重要的作用，港澳一直是广东扩大开放的窗口、桥梁和纽带。近年来，对港澳的进出口额占了全省进出口总额的60%；来源于港澳的投资占了境外商家在广东投资总额的60%；广东的企业联合港澳企业“走出去”投资占了全省对外投资的60%以上，这三个60%充分说明了港澳地区与广东紧密合作的重要地位和作用。

因此，为深入推进粤港澳服务贸易自由化，应在内地与香港、澳门《关于建立更紧密经贸关系的安排》及其补充协议的总体框架下，在粤港澳合作基础好、服务业发达的地市设立粤港澳服务贸易自由化重点示范基地，打造深化粤港澳合作载体。积极争取进一步降低港澳服务提供者准入门槛，支持港澳专业服务机构集聚发展，推进服务行业管理标准和规则衔接。充分发挥粤港、粤澳合作联席会议机制作用，完善适应粤港澳服务贸易自由化的磋商和争端解决机制。鼓励广东科技服务机构深化与港澳科技机构合作，共建一批高水平专业化科技服务平台或基地，促进两地科技资源优势互补。

下一轮广东自贸试验区将致力于推动粤港澳的深度合作，同时要为港澳企业在广东自贸试验区的投资发展带来更大的便利，主要应在以下三个方面下功夫。一是进一步放宽投资的准入。对香港、澳门的企业进入这三个片区将进一步放宽准入的限制，使港澳投资者在准入的资质要求、股比限制、经营范围等方面享受更低的门槛。二是要促进贸易的便利化。要推进内地与港澳服务行业标准规则进一步对接，探索贸易市场互联、项目资金互通、服务产品互认。广东要率先与港澳实现服务贸易自由化，自贸试验区也要为港澳企业在推进服务贸易自由化方面带来更大的便利。三是要提供就业方面的便利。可考虑在三个片区设立港澳青年创业园，为港澳青年的创业项目提供孵化器等方面的支持；还要专门制定港澳人才认定办法，给予项目申报、创新创业、评价激励、服务保障等方面更宽松的措施，让港澳的人才能够更方便在自贸试验区找到一份更好的工作，一个更好的创业平台。[①]

（3）推动广东服务贸易创新发展。

抓住国家实施“一带一路”建设和自由贸易试验区战略的重大机遇，依托现有各类园区、开发区、对外文化贸易基地，重点在信息技术、跨境电商、工业研发与设计、文化创意、金融服务、生物医药、高端专业服务等领域，进一步扩大服务业开放，加快建设服务贸易公共平台，深入推进外汇管理便利化、完善服务贸易统计制度，优化便捷通关机制，加强高端人才引进，形成可复制可推广的经验。到2020年，力争打造一批服务贸易创新发展试点城市和国家级特色服务出口基地。

将广东自贸试验区打造成为现代服务业发展集聚区。加快构建与国际高标准对接的投资贸易规则体系，放宽服务领域投资准入，在广东自贸试验区内实施境外商家投资准入前国民待遇加负面清单管理模式，对负面清单以外的境外商家投资项目实行备案制（国务院规定对国内投资项目保留核准的除外），同步实施内资投资项目负面清单。积极探索在广东自贸试验区对港澳投资者实施准入特别管理措施等，深化投

① 《服务贸易自由化是广东自贸区推动粤港澳合作亮点》，中国经济网2015年4月20日。

资管理体制改革。大力推动高端服务业集聚，积极引进高端服务业入驻广东自贸试验区，加快建立高端产业体系。争取更多跨国企业和国内大型央企、民企入驻广东自贸试验区设立区域总部、海外总部，打造“总部经济集聚区”。

《广东省加快发展服务贸易行动计划（2015—2020 年）》指出，2015—2020 年，力争实现广东服务贸易年均增幅 10% 以上。到 2020 年，服务进出口额达到 2000 亿美元以上，服务贸易占对外贸易的比重达到 14%，现代服务出口占全省服务出口总额的比重达到 30%，力争将广东建设成为服务贸易强省。

（4）推动特色服务贸易发展。

一是提高对外文化贸易发展水平。进一步完善广东文化产品和服务出口指导目录，建立版权输出奖励制度，扩大新闻出版、广播影视、文化艺术、动漫游戏、创意设计等主要领域的文化产品和服务出口，培育一批具有国际竞争力的对外文化出口重点企业和重点项目。深入挖掘广东特色文化资源，实施广东优秀文化产品和服务对外推广工程，推动广府文化、客家文化、潮汕文化、雷州文化等特色文化出口。探索在广东自贸试验区内开展国际文化保税展示交易业务。力争到 2020 年，建设一批国家级和省级对外文化贸易基地及具有广东特色的对外文化贸易重点企业。

二是支持中医药服务贸易发展。鼓励列入首批中医药服务贸易先行先试骨干企业（机构）建设目录的重点企业积极开拓国际市场。扩大“大南药”国际合作生产，推动中医医疗器械、养生保健品的开发生产及相关产品和技术出口。支持建立中医药服务出口公共检测平台。鼓励中医药企业通过境外参展、商标注册、国际认证等多种形式，扩大中医药产品和服务出口，加强中医药特色服务领域的国际交流合作。

三是推进家庭服务业国际化。加强家庭服务业职业培训标准化研究，鼓励家庭服务业企业和培训机构开展多层次国际合作，引进优秀管理人员和师资力量，推动从业人员职业资格、服务标准与国际接轨。探索创新粤港澳劳务合作模式，优化家庭服务业服务结构，增强服务出口能力。完善家庭服务业跨境、跨地区劳务合作管理办法，加强家庭服务劳务输出企业经营和市场行为监管，促进广东家庭服务业企业有序进入国际劳务市场。

（5）加强服务业对外投资。

一是推动服务业企业“走出去”。支持服务业企业参与境外经贸合作区的投资、建设和管理。鼓励企业建设境外保税仓，打造跨境产业链，带动劳务输出和货物、服务、技术出口。加快广东企业境外投资综合服务平台建设，支持企业利用第三方风险管理等服务，建立“走出去”融资担保、风险防控机制，加大广东企业海外权益保护力度。支持有条件的企业建设境外研发设计平台。推动企业在美欧日等发达国家和地区通过新设或并购方式，设立研发设计中心，利用当地科技、智力资源，开发具有自主知识产权的新技术、新产品。

二是拓展对外工程承包。拓宽对外承包工程方式和领域，大力开拓工程设计、工程监理等建筑服务市场，扩大对俄罗斯和东盟、中东、拉美、非洲等国家（地区）的技术、电信和建筑工程承包服务出口。推动规划、设计、施工、监理、造价、中介等建筑领域从业企业及人员与港澳业界开展业务合作试点。2018—2020 年，广东对外承包工程完成营业额年均增速力争达到15%以上。

三是培育服务贸易展会平台。加快研究编制品牌展会评定标准，培育一批专业性强、具有较大影响力的品牌展会。充分利用现有平台，强化服务贸易促进职能，支持企业赴境外参加服务贸易重点展会。积极培育服务贸易交流合作平台，鼓励其他投资贸易类展会增设服务贸易展区。简化服务贸易展会入境展品许可审批程序，对保税展示货物实行登记管理，允许多次出区展示以及合理数量、重量的展品在参展期间试销。[①]

2. 促进广东贸易自由化便利化的相关对策和措施

从对上文分析可知，广东服务贸易面临法律监管、信息沟通、税收政策、市场自由度、金融环境、人才流动、文化融合与配套措施等多方面的问题，特别是粤港澳服务贸易自由化也面临各种困难，我们要针对这些突出的问题，厘清粤港澳服务贸易自由化的发展方向，并提出相关对策与措施。

我们从以下几个角度逐一分析。

（1）从文化个性的角度来说。

党的十一届三中全会召开后，全国人民拨乱反正，改变了“文革”时期反科学、反知识的做法，迎来一个科学发展的春天。党的十六大以来，中央更是明确提出以科学发展观为指导。党的十八大以来，以习近平同志为核心的党中央大力倡导创新理念，并在国家大政方针中给予贯彻落实。因此

---

① 《广东省加快发展服务贸易行动计划》，《羊城晚报》2015年12月17日。

全国兴起创新热潮，尤其是科技创新得到前所未有的高度重视。

①进一步解放思想。

第一，广东要坚定深化改革、扩大开放的信念和信心，继续当全国改革开放的排头兵。无论在内部体制或对外开放方面，均可进一步改革僵化体制，进一步提倡竞争、反对垄断，以此提高经济社会运行效率。僵化的思想观念和管理体制，是阻碍经济社会发展的最大障碍；垄断部门和垄断企业，是提高经济运营效率的最大障碍。

第二，应正确理解、正确处理政府和市场之间的关系。政府和市场可说是一对辩证关系，也是能对经济发展进程施加作用的一对力量。市场有其自身客观发展规律，且经常发生变化，能对经济产生积极作用；而政府可对市场施加影响力，把握好才能发挥积极作用，否则可能产生负面的作用。

第三，尊重经济社会的客观发展规律。在粤港澳服务贸易的发展进程中，我们依然要尊重科学规律，无须人为确定服务贸易自由化的具体日期和程度，而是要依照市场发展趋势，尽量通过市场规律发挥作用。

②提升文化品质。

在将近40年的时间里，粤港澳积极开展经济合作与文化交流，提高了整个区域的国际竞争力。今后可继续发扬这种优良传统，尤其重视提升文化品质，由此提升粤港澳服务业的国际竞争力，以服务贸易自由化来促进服务业、服务贸易的运营效率和经济效益。与农业及工业相比，服务业的健康发展更需有良好的文化品质来作为保障。

第一，鼓励全省人民继续坚持改革开放的信心不动摇，以此保证广东继续当深化改革、扩大开放的排头兵，保证粤港澳在“一带一路”建设中作出更新、更大的贡献。

第二，在深化改革、扩大开放这一新的历史征程中，要善于把后发优势转变为先发优势。比如家用电器和高铁、基础设施建设等产业，还有移动互联网、微信等方面的技术，中国已超越某些发达国家，成为其他发展中国家学习的榜样。

第三，对于党政部门的工作人员来说，要摒弃官僚主义思想，真正树立“为人民服务”的思想意识，让党政部门真正成为为社会服务、为老百姓服务的组织机构。对垄断企业（及行业）来说，更加要有服务意识，而不能以老大自居。要在这些垄断企业（及行业）的内部及外部，引入适当的竞争机制，将原有的价高质量低、服务差现象扭转，使价廉物美、服务好成为常态。

第四，必要时引进港澳法律人才，帮助广东民众培养现代法治观念。甚至可以考虑在三个自贸区（前海、南沙与横琴）开辟几块港澳飞地，试行港澳法律体系。在此基础上，将广东建设成为法制健全、全民遵纪守法的模范省份，为中国建设法治社会作出应有的贡献。

第五，大力提倡真诚理念，反对假冒伪劣、坑蒙拐骗行为。除了健全法制，还需设法在广大老百姓心目中，牢固建立诚信致富的良好道德观。在遵纪守法的同时，还要让爱护自然与社会环境、守规则成为广大民众的自觉行为。

第六，在全社会营造文化创意、科技创新氛围，反对投机取巧和囤积居奇及炒作生活必需品（包括房地产）的短期行为。在各行各业中真正落实工匠制度及工匠精神，鼓励劳动致富、产业报国等思想观念与实际行动。

③打造自主品牌。

除了坚定文化与科技创新的信心，还需在全社会培养现代品牌理念，坚定打造我国自主品牌的信心，并在实际行动中勇敢维护自主品牌，积极争取自主品牌的合法正当权益。第一要通过资金扶持、税收优惠等措施，促进本地服务企业发展壮大，树立良好企业形象，打造名牌企业。还要提升各城市的文化品质，形成宣传与保护、发展名牌的社会氛围，积极培育服务品牌，促进服务贸易品牌建设。第二要通过配套资金或相关便利政策，让服务贸易的重点出口企业发挥行业领导力和影响力，不断发挥示范效应和集聚效应，带动服务贸易的中小企业共同发展，从而打造一系列有自主产权的知名品牌。

（2）从政府及政策角度来说。

政府的统筹协调与管理对经济发展、社会进步都不可或缺，但必须掌握好“度”的问题，要明确责权利的边界。

①完善宏观调控政策，促进服务贸易发展。

第一，可制定比较完善的服务产业规划，以相关政策推动服务贸易的大发展。第二，申请服务业的税制改征试点，完善广东服务业的税收制度，尽量与港澳服务业的税制相融合。

在基本公共服务方面要加强调控，且充分发挥其他公共服务部门的市场功能。调研表明，随着收入水平提高与消费结构的变化，会有更多人愿意为科技、教育、文化、体育等服务买单。因此可逐渐放开这些社会事业的市场功能，通过市场机制来向社会资本开放这些产业。

②缩短粤港澳三地“距离”，使三地服务贸易同步发展。

针对港澳服务业者在广东经营过程中遇到的隐形壁垒及政策透明度问题，应增强政策制定透明度，建立政策信息推送平台、政策措施“预发布”机制和反馈渠道。各部门也应注意及时调整那些过时的政策，以配合快速发展的商业模式，并积极开展培训活动，帮助各企业充分理解相关政策，促进信息交流。

③优化财政支持结构，发挥正确导向作用。

转型期的中国要抛弃所谓“父爱”，割断政府财政扶持与效率低下、粗放经营之间的链条，充分发挥市场配置资源的作用，辅以恰当的财政支持，化软约束为硬约束。因此，要体现对技术型、集约型经济的导向作用，政府可实行对技术型服务与设备的补贴政策，来促进服务贸易的发展；可成立服务贸易专门财政小组，旨在提高政府支出效能，巩固财政政策基础；可实行跨年度的财政预算制度，依法编制执行，严格分离行政开支和公共开支；可建立专门的财政储备制度与财政信息公开制度，保证其透明、规范、高效及可持续。

服务贸易的许多行业属资金密集型行业，没有足够资金就根本无法操作，不要执着于所有行业同时全面实现自由化，而只能逐个行业来试验和推广。故有关部门应做好发展规划，比如先做一些调查研究，看哪一个或几个行业比较安全可靠、比较重要且有发展前景及可行性，然后给予重点扶持。在某个行业取得成功后，再逐步推广到其他行业乃至所有行业。

实际上，服务贸易本是新事物，全球都在探索中。发达国家相对超前一些，我们要多吸纳其中的积极成分。不同的专业服务有不同的法律和技术规范。这方面我们也要尽量与国际接轨。同时，还可多借鉴香港（及澳门）在服务业、服务贸易发展方面的资源与成功经验，查找广东自身的不足之处，并不断学习和提高，由此促进粤港澳之间的合作，提升合作水准。

④创新监管制度，实行信息化“一站式”管理。

对于政府部门间存在的权责不清、互相推诿、利益协调和风险规避问题，以及传统“管制政府”所导致的“大政府、小市场”问题，应当在符合宪法的基础上，制定公布、修改完善界定政府权责的“正面清单”，并且贯彻落实、有效监督，由此划定政府和市场的边界。机构设置须法定化及规范化，公共事务服务实现专业化和运作公开透明化，专业服务则须市场化。

自贸区管理机构之设置，必须以效率为核心，坚持层次少和权力集中的原则，尽量简化行政手续，设立高效、集中、统一的管理机构。而信息化“一站式”电子通关系统，刚好能够满足这种需求，可提高监管效率、降低交易成本，促使自贸区内各种经济活动加快进程、缩短周期、减少失误，从而提高服务效率。因此，新加坡的信息化“一站式”电子通关系统，十分值得广东自贸区学习和借鉴。

（3）从市场空间与行业结构来说。

①加强粤港澳服务贸易深度合作。

促进香港高端服务业与广东实体经济的结合，是深化粤港澳合作的最大特点及优势。第一，应大力发展与广东制造业相配套的，以现代物流、金融保险为代表的生产性服务业。第二，应继续发展以现代旅游、现代商贸为代表的生活性服务业。第三，要支持港澳专业服务提供者到广东开办法律、会计、管理咨询等专业服务机构，支持港澳检验检测计量、律师、会计、建筑设计、医疗保健、教育培训、育幼养老等专业服务在广东集聚发展。比如，要积极推动粤港澳检验检测计量的三方互认工作。

充分发挥自贸区功能，以促进粤港澳服务业深度融合。2016年2月14日，国务院常务会议决定在天津、上海、海南、深圳、广州等10个省市和5个国家级新区开展服务贸易制度创新发展试点。广东自贸区要以推进粤港澳服务贸易自由化为突破口，携手港澳共建世界服务贸易重要基地，为内地和港澳全面实现服务贸易自由化积累经验和创造条件，努力走在全国改革发展的最前列。既要充分利用长期以来引进、使用外资所积累的经验，继续吸引外资服务业到自贸区来发展，又要建立具有国际竞争力的本土服务产业，以促进产业结构优化升级。同时可通过合资方式，学习国外服务业的先进管理经验，提高自贸区服务企业的竞争力，通过服务业与制造业的关联性，把先进的服务理念推广至整个价值链、产业链及创新链之中。

②构建平台以壮大广东服务业。

第一，扩大广交会职能，构建服务贸易新平台。广交会原本是以货物贸易为主的展会，但今后可考虑扩大职能，采用会议论坛、服务演示、洽谈会等形式，使广交会成为服务与货物贸易的双用平台。加强与香港贸易发展局、香港工业贸易署、澳门贸易投资促进会等机构的合作，吸收他们举办国际展会、自有品牌展会的丰富经验，使广交会成为促进广东服务贸易发展的重要力量。

第二，可每年举办服务贸易交流会，协助参会客商开拓粤港澳服务市场。交流会可设于广交会之内，亦可借用其他合适的场所。除了吸引港澳及全国服务商来此参展、交流信息和技术，带动商业、交通运输、餐饮住宿、购物等关联服务业的发展，发挥服务贸易平台的职能之外，还可向参展商展示内地尤其是广东的最新政策，引导企业用好用活政策，丰富与完善广东发布服务业信息的渠道与载体。

第三，构建粤港澳合作平台，打造与完善服务外包的产业链。政府及社会各方可共同努力，支持发展基于云计算、云储存等信息技术而搭建的虚拟平台，以及利用“众包”（crowd sourcing）模式而建立的扁平化全球交易平台，逐步建立自己的营销网络，形成粤港澳国际服务业外包的完整产业链。

（4）从企业经营的角度来说。

①构建公开透明的法规体系和监管制度。

第一，为加强与完善法律监管工作，广东可考虑构建一个健全的、省级层面的法规体系。针对服务贸易的每个环节，出台相关法规条文，确保每一个管理事项都有法可依，政府部门依法办事。为保证 CEPA 新协议的顺利实施，可结合港澳投资备案制改革，继续开展法规文件清理工作，抓紧开设“CEPA 项目绿色通道”，优先及快速办理 CEPA 项下企业设立的审批备案、投资项目的核准备案。

第二，为解决内地的信用体系规划建设落后，缺乏法规约束等问题，有必要以“主动开放、主动服务”与“程序规范、信息透明”的原则为指导，加强信用管理的法规保障，建立信用记录奖罚机制。可由有关部门“共建共享”关于信用的信息，完善市场主体信用信息公示系统，培育管理信用的服务机构，鼓励行业协会的自律行为。

第三，为保证港澳服务业者进入广东开业时，能够有一个沟通或申诉的渠道，有必要明确“磋商—仲裁—执行”的法律地位与流程，并成立仲裁小组，健全补偿金制度且保证透明性。同时加大执法查处力度，组织例行检查与突击检查，为港澳投资企业提供法律服务，切实保障其合法权益。

②完善服务贸易的市场开放体系。

广东需要进一步开放服务业市场，目前可加深对港澳在金融、商贸、专业服务、科技文化、社会公共服务这五个贸易领域的开放程度。若最终真正实现粤港澳之间的贸易自由化，将进一步真正实现粤港澳经济一体化。

将扩大开放与深化改革相结合，通过开放来倒逼改革，通过改革提高对外开放的效率。须逐步打破内地服务行业的垄断局面，从而引入内部竞争，由此提升本土企业的市场竞争力。这种对外开放的再实行，可形成良性竞争局面，促进广东服务业新业态、新模式的发展。

还要积极探索服务业“准入前国民待遇+负面清单”的开放新模式，在扩大市场开放、放宽准入限制、规范规制标准等方面形成新的体制和机制，为港澳制定最优惠的准入门槛及负面清单，取得金融服务、交通航运服务、商贸服务、专业服务、科技服务等领域对港澳开放的突破性进展。

③积极创新服务外包发展模式。

落实创新驱动战略，进一步推进服务贸易的创新发展，比如鼓励粤港澳联合承接全球服务外包业务。香港作为服务业发达地区，可利用其在语言、技术、信誉等方面的优势，建立香港接单、广东交单的业务模式，共同开拓国际服务业外包市场，不断提高服务外包水平，逐步形成粤港澳国际服务业外包的完整产业链。

还可以引导广东企业与国外大型外包公司进行分包合作，扩大服务外包规模，大力发展高技术含量、高附加值的外包业务，拓展服务外包业务领域，逐步建立自己的营销网络。引进国外服务业外包企业来广东建立国际服务业外包基地，坚持离岸外包与在岸外包相结合，主体培育与产业集聚相结合，打造特色鲜明、配套完善的服务外包集聚区。

④以总部经济来扩大服务贸易规模。

总部经济是产业链的高端形态，有利于促进外资集聚、提升服务贸易的竞争力。广东应进一步促进总部经济的健康发展，鼓励跨国公司从境外向广东转移更多的总部功能，支持这些总部整合内部股权，并引导具有投资功能的地区总部集聚实体业务；鼓励跨国公司在广东设立亚洲区、亚太区或更大区域的总部，或者设立采购中心、财务管理中心，并为这些地区总部的资金管理、人员流动及通关便利等方面提供支持。

（5）从要素的流动与合作来说。

①大力培育和引进人才，提升广东服务业附加值。

现代服务业往往是人力资本密集型产业。只有服务业内的技术人员、研发人员的比重上升，才能保证广东服务业结构优化的持续性和稳定性。

首先要注重培养本地人才，因为引进人才只是短期内弥补人才缺口的办法，只有培养本地人才方为解决人才问题的关键。建议有关机构与高校、研究所合作，根据市场和企业的需求，联合培养高素质的管理人才、专业人才与创新人才，培养熟悉国际规则的服务贸易人才。粤港澳可合作建立服务贸易人才的职业培训机构，完善培训机制。加大培训和教育的投资力度，调整高校服务贸易专业的结构设置，努力提高广东服务贸易人才质量，尤其是高级管理人员的素质。

其次要建立粤港澳三地的资格互认机制，促进人才的流通和引进。第一，尽快完善专业资格互认，简化港澳专业人才到内地就业的审批程序，并制定粤港澳合作行业的共同标准，加强行业研究。第二，创新人才引进机制，增设人才引进绿色通道，引进广东服务贸易所需的高端人才。建立人才流通的配套服务系统，包括人才信息平台，加大人才的招聘及后续服务的力度。第三，完善城市建设、配套设施和生活环境，比如外来人才的落户政策，以吸引和留住优秀人才，避免人才外流。可结合广东省政府提出的“智慧城市”规划战略，通过财政、信贷等政策倾斜，培养或引进熟悉国际规则的服务贸易人才。

②提高企业实力和服务质量，增强服务贸易国际竞争力。

首先是加强服务技术创新，提高企业研发能力，促进广东服务产业升级。

广东的产业升级，既可通过商业模式的创新、劳动者素质的提高去实现，还可通过技术创新能力的提升来实现。

第一，要加大对服务贸易科技研发的扶持力度，三地共建粤港澳科技创新平台，利用科技进步努力提高服务业的技术含量和发展水平。探索科技财政资金支持创新服务的新模式，为粤港澳三地科技创新提供便利服务。鼓励和保护创新活动，加大自主知识产权保护力度，充分发挥政府推动和引导作用。

第二，前海、南沙与横琴应积极打造互联网、电子信息、生物医药、新能源等方面的国家级科技创新及产业创新中心。要鼓励港澳与内地省市的科研机构到这三大片区设立分支机构，参与国家和地方科技专项。

第三，前往世界有关国家和地区开展调研，引进新的服务产品、控制新的供应来源、尝试新的企业组织，通过这些方法提升广东的服务业质量。现代服务业的技术含量较高，可通过模仿、示范效应等途径，向技术比较先进的企业学习取经。而传统服务业技术含量偏低，较难实现机械化、标准化，但也应设法糅入现代商业元素，促进技能进步、推动产业升级。

其次是推广 ECR 模式，提升广东高端服务业出口比重。

消费者有效反应（Efficient Consumer Response，简称 ECR）是一种新的贸易模式，即对服务供应商、外包商与服务者各自的经济活动进行整合，尽量以最低成本、最高效率，多快好省地满足消费者需求、实现贸易目标的一种流通模式。互联网时代的消费者需求趋向于个性化，客户对服务消费的期望值比较高。而 ECR 的服务供应者们以最大限度满足客户要求、最小化物流等方面的成本为原则，能够及时、准确地对市场需求作出反应，给客户带来最大的收益。为达此目标，服务供应链条上的所有业者都必须精诚合作，使服务流程最优化。

ECR 促进了观念创新、组织创新和信息创新，因而提升了服务产品的附加值，提升了服务产业的运营效率和经营效益。目前，ECR 模式在欧洲、美国、日本等国家和地区以及中国台湾广泛推行。广东的服务企业应积极引进这种比较先进的商业模式，扭转服务贸易方面的劣势，刺激高端服务业的出口比重合理上升。

（6）从负面清单角度来说。

①加强推广宣传，促进信息交流。

针对前述问题，对负面清单要加强宣传，促进信息流通，进行政策推广、商务推广和学习培训等活动。通过各种宣传渠道和推广方式，可让企业及时了解最新政策动向、审批状态等，同时让有关部门了解企业面临的具体问题，消除双方信息不对称问题，促进粤港澳服务贸易自由化更好地发展。

首先要建立网络和实体平台，定期举行相关产品和服务的展览活动，发布产品和服务信息。

其次要利用平面媒体或网络发布相关信息，介绍有关服务贸易的制度与政策法规。比如在门户网站开设“落实 CEPA 推进粤港澳服务贸易自由化”专栏；在政务服务中心也开辟专栏，大力宣传港澳投资备案制改革。

再次要举行相关的座谈会或研讨会，邀请粤港澳的政企代表参与交流，针对实践过程中遇到的问题探讨改进方案，为促进粤港澳服务贸易自由化建言献策。

②设法“缩短”物理上的距离。

在基础设施方面，继续完善粤港澳三地机场、高速铁路及公路、“一站式”地铁、大桥与港口等方面的建设，并且实现高效的连接，把香港、澳门纳入广东“一小时生活圈”之内。在通信联系和信息传播方面，继续加强三地电信业等方面的建设，实现服务内容的电子化传输。在过境通关方面，要继续改善软件、硬件各方面条件，继续提高通关效率。现代化的交通运输工具、通信和通关方式，能够节省沟通时间、提高沟通效率，也就等同于缩短了物理空间上的距离，使得粤港澳三地实现即时通信、自由便捷的往来，如同变成一个“小村落”。如此，则三地经贸关系将更加紧密，三地之间服务贸易的总量将大幅增加、经济效率和效益也会不断提升。

③通过“一破一立”缩短制度距离。

“一破”就是破解体制性障碍。广东要全面梳理港澳服务业进入本省所存在的制度性障碍，充分利用先行先试政策，破解服务贸易的体制性障碍。建议在 CEPA 补充协议中加以明确，实现逐个突破。“一立”则是建立投资备案制度，健全境外商家投资监管体系，率先打造公平、透明、可预期的国际化营商环境。在深圳、广州、珠海、东莞等 CEPA 示范城市，要率先取得制度创新的突破性进展。

另外，光是制定负面清单恐怕还不够，应可考虑互相给予全国民待遇。

（五）结语

习近平总书记在参加十三届全国人大一次会议广东代表团审议时，对广东经济社会发展提出了“四个走在全国前列”的新要求，其中之一是要求广东在“形成全面开放新格局”上走在全国前列。这不仅赋予了广东在中国特色社会主义新时代的责任担当，而且为广东在新时代经济社会发展迈上新台阶指明了方向。广东服务贸易自由化，必将强力助推粤港澳合作迈上新台阶，同时也意味着一个令人振奋的大市场的开启。假以时日，粤港澳势必可成长为亚太乃至全球极具活力的世界级经济带和现代化城市群。该愿景既是粤港澳三地共同的努力方向，也是身处当下世界发展格局的中国的经济社会转型必须要达成的目标。

发展国际贸易新业态新模式

习近平总书记在参加十三届全国人大一次会议广东代表团审议时指出，要以更宽广的视野、更高的目标要求、更有力的举措推动全面开放，加快发展更高层次的开放型经济，加快培育贸易新业态新模式，积极参与“一带一路”建设，加强创新能力开放合作。习近平总书记的重要讲话，高屋建瓴、内涵丰富、催人奋进，是习近平总书记系列重要讲话精神和全面开放新理念新思想新战略在广东的具体化，对广东推进全面开放具有重大的里程碑意义。我们一定要以习近平总书记重要讲话为统领，奋力形成广东全面开放新局面。

党的十八大以来，广东不断提升开放型经济水平，外贸进出口稳中向好。其中，以跨境电商、市场采购等为代表的贸易新业态新模式蓬勃发展，成为全省外贸增长的强劲新动能、新亮点。2017 年，广东跨境电子商务进出口达 441.9 亿元，规模居全国第一；市场采购出口 815.1 亿元，月均增幅达 21.1%。目前，一系列培育贸易新业态新模式的举措正在加快推进。

在我国外贸正在实现由大到强的历史性转变的新形势下，培育贸易新业态新模式已成为提升广东国际竞争力的内在要求和重大任务。广东要按照为全国构建开放型经济新体制提供支撑的要求，加快培育广东外贸高质量增长的新引擎，使新业态新模式成为外贸发展新动能，在新形势下更好地构筑广东对外开放新优势，形成全面开放新格局。

（一）广东外贸正在实现由大到强的历史性转变

自2013年起，中国已超越美国成为全球第一大货物贸易国[①]。但贸易质量和效益参差不齐的情况尚未得到根本性的改变，外贸发展不平衡、不协调、不可持续问题长期存在。特别是近年来，随着劳动力成本、原材料价格、人民币汇率、厂房租金等成本要素的上升，我国外贸发展依靠资源优势、劳动力成本等要素支撑的传统外贸发展模式已难以为继、亟待加快转型。

1. 广东外贸已站在一个新的历史起点上

经过40年改革开放，广东外贸发展已经站在一个新的历史起点上。随着广东外贸发展进入新常态，生产要素成本不断攀升，部分订单和产能外迁态势日趋明显，面临发达国家“再工业化”和发展中国家与地区利用低成本优势承接产业转移的“双重挤压”，国际竞争压力进一步增大。在这样的背景下，通过依靠要素驱动、大量投入资源和消耗环境来支撑外贸发展的传统老路已难以为继，只有加快培育外贸新业态新模式，才能增强广东外贸发展后劲、激发新的动能。

---

① 《中国超美国首列全球第一大贸易国》，经济参考网2014年1月11日。

当前和今后一个时期，是广东外贸加快转型的重要战略机遇期。广东外贸面临的机遇，正在由原来加快发展速度的机遇转变为加快经济发展方式转变的机遇，由原来规模速度扩张的机遇转变为提高发展质量和效益的机遇。在此关键时刻，习近平总书记的重要讲话精神为广东外贸发展指明了前进方向。广东必须以习近平总书记重要讲话为统领，通过深入培育贸易新业态新模式，把握发展新机遇、积极应对新挑战，奋力开创广东外贸开放发展新局面。

2. 新业态成为建设贸易强省的重要动力

在外贸发展加快转型升级、更注重质量提升和效益优化的新形势下，跨境电商、市场采购贸易、外贸综合服务企业等外贸新业态迎来了崭新的机遇。2017 年以来，新型商业模式“渐次开花”，跨境电商、市场采购贸易、外贸综合服务企业等新业态保持较快增长，成为广东外贸新的增长点。跨境电商综合试验区试点取得积极成效，推进和扩大市场采购贸易方式试点，启动外贸综合服务企业试点等工作也相继推开。

广东外贸新业态新模式快速发展，已形成了一定的产业集群和交易规模，为促进广东外贸稳中向好和创新发展发挥了积极作用。一大批企业通过跨境电商平台打造自主品牌，开拓国际市场。新业态已成为促进广东外贸供给侧结构性改革、培育竞争新优势、建设贸易强省的重要动力，推进大众创业、万众创新的重要平台，深入推动“一带一路”合作、提升开放型经济发展水平的重要渠道。

（二）外贸新业态新模式迎来崭新发展机遇

以大数据及生态为基础的新业态新模式是推动传统外贸转型升级的强大动能。以往外贸电商只是信息展示，没有数据沉淀，因此外贸并未真正享受互联网变革的红利。未来基于大数据和生态建立的新型外贸，将为广东外贸出口带来真正的竞争力。

1. 新业态新模式实现跨越式发展

近年来，广东大力培育跨境电子商务等外贸新业态新模式，促进广东外贸转型升级。① 一是着力推进跨境电子商务。加快推进广州、深圳国家跨境电子商务综合试验区建设，率先在跨境电子商务技术标准、业务流程、监管模式、公共服务平台和园区载体建设等方面先行先试，积极推进以跨境电子商务贸易模式助推广东外贸自主品牌建设、新型外贸支撑服务体系建设和国际贸易新渠道建设，引导广东外贸传统企业加快转型升级；在此基础上，推广开展跨境电商外贸业务，支持有条件的地市申报跨境电商进口试点，加快跨境电商公共海外仓和跨境电商园区建设，推进跨境电商公共服务项目建设。二是积极争取国家批准在广州花都狮岭皮具城、佛山

① 《广东外贸由“大”向“强”加速蜕变》，环球网 2016 年 12 月 29 日。

泛家居等市场开展市场采购贸易试点，总结广州旅游购物出口经验，在深圳、珠海、佛山、中山、江门等有条件的地市复制推广。三是培育壮大外贸综合服务企业。再认定一批具备条件的外贸综合服务试点企业，完善通关、退税、融资等便利化扶持措施，支持企业建设线上服务平台并与监管部门对接，支持其为广大中小微企业提供供应链集成服务。

2. 新业态新模式发展取得积极成效

近年来，广东积极发展跨境电商等新业态，取得了显著效果。特别是在跨境电商业务方面领先全国，在国内 60 个开展跨境电商进出口业务的城市中，广州跨境电商业务量连续 4 年位居全国首位，深圳跨境电商增长迅猛。

据海关统计，2017 年，广州外贸进出口总额 9714.4 亿元人民币，同比增长 13.7%，其中，跨境电子商务进出口贸易额达 227.7 亿元，增长 55.1%。另据统计，2017 年，深圳跨境电子商务进出口贸易额合计 27.5 亿元，其中进口 21.4 亿元，同比增长 40.9%。

广东在跨境电商方面领先全国，第一，传统的外贸基础扎实，广东作为我国外贸第一大省，连续 32 年居全国首位，占全国进出口总额近 1/4。广州更是成为外贸明星城市，跨境电商高居国内第一，占全国总额的三成；投资总额 610 亿元人民币的富士康 10.5 代显示器全生态产业园项目成为广州改革开放以来投资规模最大的境外商家投资项目。第二，广州和深圳具有创新精神，例如深圳前海秉承敢为天下先的创新精神，发挥自贸区、保税港区、深港合作之叠加优势，提出以“保税 +”助力实体新零售，实现线上与线下、互联网经济与实体零售的融合发展。吸引出口跨境电商的大卖家聚集在深圳发展。第三，广东大力探索促进跨境电商发展的体制机制，以广州为例，广州海关在全国率先应用跨境电子商务进口统一版信息化管理系统，从审单、查验到放行全程“线上”，既减轻了企业申报压力，又满足了电商快速通关的要求。2017年“双11”当天广州海关系统验放跨境电商1619.5万票，创下全国海关系统单日处理量历史新高。目前，该系统已在广州、佛山、肇庆、韶关、河源等地市全面应用，有力地支撑了相关产业的发展。

（三）跨境电商成为广东外贸增长的新引擎

在“互联网”的时代背景下，作为互联网衍生的新型贸易形态，跨境电商以全球化、网络化、便捷性等特点，适应了个性化、定制化的消费新趋势，获得消费者的认可。国内电商巨头以及海外电商企业瞄准消费升级的需求，纷纷发力跨境业务，而广东的出口企业也正迎来一轮新的发展契机。

1. 跨境电商提升广东外贸国际竞争力

在千年商都广州，跨境电商这一外贸新业态，正在实现跨越式发展，呈现出产业规模不断扩大、监管模式不断创新、商业模式创新更加活跃等特点。

具体来看，广州海关打造以南沙保税港区、白云机场综保区为核心区域的跨境电商产业集聚区，推出零售进口申报清单修撤单流程简化、商品入区单自动化审核、物流辅助系统对接跨境系统、商品24小时自动出区放行等七项专为跨境电商海关通关流程制定的“去繁就简”措施，减少不必要的人工干预与审核环节，让“数据多跑路”，进一步增强了关区跨境电商的竞争力。

目前，南沙保税港区、白云机场综保区已吸引京东、天猫、唯品会、苏宁易购、亚马逊等近100家电商平台，中远国际、卓志物流、顺丰、威时沛运等30多家物流企业入驻，形成了从政策优惠、平台集聚到物流便捷、金融创新完整的跨境电商生态圈。

在创新跨境电商生态圈的基础上，广州重点拓展网购保税进口、直购进口、零售出口三项“拳头”业务。

网购保税进口模式是各种跨境电商业务模式中最为成熟的一种，也是广州海关最早推动的模式之一。2017年，在占据广州海关网购保税进口业务九成的南沙保税港区，约2440万票跨境电商货物从世界各地汇聚南沙，又从南沙运往千家万户。跨境电商货物最多的一天，南沙海关审放了206.7万票。

也有一些跨境电商企业选择直购进口模式开展业务，直购进口的商品主要是一些化妆品、箱包、鞋子等，对比国内同类型商品，外国的款式可能更多一些。另外，大量中国制造的商品通过邮件、快递的方式运往世界各地，在拉动外贸增长的同时也为众多小微企业的发展创造了机会。

2. 跨境电商推动广东制造走向世界

目前，在深圳海关备案的跨境电商企业有500多家，包括小红书、大疆科技、京东、菜鸟、大象通讯等。进口电商商品种类近10万，主要是保健品、母婴用品、化妆品等。在出口方面，主要商品有大疆无人机、小米手机、VR（虚拟现实）眼镜等电子类产品。

深圳现在通过跨境电商平台直接做自己的品牌，销往欧美等国际市场。跨境电商平台为深圳制造走向世界提供了更加便利的渠道。五年前，深圳万方网络股份有限公司在深圳开设工厂，生产、研发平板电脑产品，利用跨境电商平台让平板电脑产品远销海外，五年的时间，他们的平板电脑就有过亿元的销售收入。该公司董事长李健文表示："每年都是以百分之六七十以上的速度在增长，尤其是我们这样做自主品牌的，这种跨境电商正迎合了美国欧洲客户的需求。"

在深圳跨境电商综试区已落地"直购进口""一般出口""网购保税进口""特殊监管区域出口"等4种模式，满足了跨境电商企业多元化试点需求。同时，深圳在前海湾保税港区试点"全球中心仓"，通过进出口电商账册与非保税账册、保税账册互联互转，实现"一区多功能、一仓多形态"，从而减少仓储和物流成本。

3. 跨境电商创新海关监管新模式

广州空港经济区，南沙自贸试验片区，广州经济技术开发区以及深圳前海蛇口自贸片区成为我省跨境电商发展的主要引擎①。广州和深圳发挥得天独厚的优势，不仅让全球物品

---

① 《广东跨境电商实现跨越发展　引领全国商业模式创新》，《南方日报》2017年3月3日。

快速地进入中国腹地，也让中国制造、中国“智造”走得更远。跨境电商带来了新的商机，离不开海关为适应跨境电商发展进行的一系列改革。

跨境电商既是新业态，也拓展了新的外贸监管模式。与传统贸易模式相比，跨境电子商务具有碎片化、小额化、高频次的特征，给海关传统监管提出了新课题。海关在线上信息系统、物流体系、通关效率等各个环节进行升级。

如果还按照传统货运监管模式来做的话，报一票货要在报关大厅和货站之间至少跑六趟。现在用海关的这个系统，绝大多数的商品通关只需要在电脑前点点鼠标即可。

在物流上，电商企业通过邮递方式出口小件货物，速度快、中间商少、毛利率大、定价权高，但无法结汇退税这一短板带来了发展瓶颈，不少大型企业望而却步。由于跨境电商贸易模式与传统货物贸易差异较大，跨境电商企业难以享受出口退税等政策红利。

为解决这一难题，广州海关驻邮局办事处结合企业实际，在全国率先推出零售出口“清单核放、汇总申报”监管模式，海关根据申报清单办理货物放行手续形成报关单，企业从而得以领取到退税凭证。2017 年，该办事处跨境电商出口汇总申报总值 84.5 亿元，占全广州关区零售出口业务的 97.6%。其中对“一带一路”沿线国家出口贸易值 15.5 亿元，进口贸易值 5.3 亿元，覆盖包括俄罗斯、以色列、波兰、匈牙利、土耳其等“一带一路”沿线国家近 40 个。

2018 年，广州海关将继续创新跨境电商海关监管模式，深化“线上海关”改革，让通关更加高效便捷，同时，还将积极引进和培育跨境电商主体，推动形成进出口平衡的跨境电商发展格局，打造更加成熟定型的跨境电商“广州模式”，全力支持广州建设全国跨境电商中心城市。

深圳海关将充分依托信息化手段提升跨境电商通关时效、加强监管，将科技手段全面融入业务改革，提升跨境订单交易的通关效率，缩短物流时间，进一步满足企业通关需求。比如，以跨境快速通关为基础，通过整合车载 GPS（全球定位系统）、电子关锁和电子地磅等监控技术，进一步提高跨境车辆和货物在两地陆路关境之间的验放速度，从皇岗入境到进入前海湾保税港区只需要 2 ~ 3 个小时。再如，采用快递分拣线查验、CT 型 X 光机检查机等方式对出区包裹进行查验，提升监管效率。

“小红书”深圳公司负责人表示：“（海关）每天需要对几万至几十万个跨境电商出区订单和包裹进行监管，此举不仅比通过逐个包裹拆包人工进行比对的方式在查验效率上有大幅提升，还帮助企业避免了因拆包查验而引起的各种客户投诉问题。”

深圳海关还启动“深港陆空联运”改革，将经前海出口、香港机场空运打板理货的服务前置到前海湾保税港区，实现从前海理货到飞机起航的时间可控、航班可选、舱位可订等全程可预期，经香港直飞全球的出口货物能够在前海“订舱”“安检”和“登机”，逐步构建以前海为中心的“全国揽货—前海集聚—香港直飞”的出口生态圈。据试点企业反映，该模式“节约物流时间 1/4、物流成本约 1/3”。

（四）市场采购贸易提升广东外贸便利化水平

试行市场采购贸易方式，是国务院作出的一项重要决策，是我国外贸转型升级新战略的重要举措。市场采购贸易方式，是指在经认定的市场集聚区内采购，单票报关单商品货值15万美元（含）以下，并由符合条件的经营者在海关指定口岸办理出口商品通关手续的贸易方式。

2016年9月，商务部等国家八部委联合发文，批准广州花都皮革皮具市场实施市场采购贸易方式试点。这是华南地区唯一一家纳入国家级试点的专业市场。2017年3月，花都皮革皮具市场实施市场采购贸易方式试点正式启动，标志着广东在培育外贸新业态、提升贸易便利化上又迈出了重要步伐。

1. 启动市场采购贸易方式试点

广州作为国际商贸中心，发达的专业批发市场和众多的常驻外国采购商，以及重要的国际航空和航运枢纽，为启动市场采购贸易方式试点提供了得天独厚的优势。开展市场采购贸易方式试点，将进一步提升贸易便利化水平，创新管理和服务，提高试点市场的国际知名度。

按照国家八部委对试点工作的要求，广州市商务委员会依托广州国际贸易“单一窗口”，建设了覆盖市场采购贸易全流程和各方经营主体的联网信息平台，建立了以市场采购综合管理办法为核心的政策体系。花都区成立了市场采购综合服务中心，并联合相关监管部门进驻花都皮革皮具市场办公，为从事市场采购贸易的供货商、代理商和采购商提供优质服务。

2. 出台一系列便利化的政策和措施

为支持广州市场采购贸易方式试点，海关、检验检疫、国税、外汇等监管部门出台了一系列便利化的政策和措施。广州海关发布公告，自2017年3月6日起，启用“市场采购”监管方式（监管方式代码为“1039”），对以该监管方式申报出口的商品实行简化归类申报和联网监管，单票报关单商品货值最高限额为15万美元。同时，优化创新“互联网+易通关”平台，企业足不出户就能完成申报手续，海关审核速度实现“秒审”；打破接单地域局限，将报关单接单审核终端延伸，实现“企业可在任意时间、任意地点申报，在广州关区任意口岸接单审核”；创新通关模式，企业既可以自行选择在花都海关木地清关、转关的模式，也可适用“在花都海关办理市场采购商品申报出口手续，在关区其他现场接单，货物在南沙港、白云机场、内港等口岸实际出口”的“互联互通”通关模式。

检验检疫部门采用线上平台和线下车检场组合的“E通关”新型模式，企业无需提供任何纸质资料，任何地点、任何时间均可远程免费申报，实时获取监管信息。同时还创新市场采购贸易方式的原产地签证模式，利用原产地关税优惠政策提升广州市场采购贸易出口国际竞争力。税务部门按规定对市场采购贸易方式出口商品实行增值税免税政策，落实地方税收优惠政策。外汇管理部门允许个体工商户开立个人外汇结算账户，直接办理贸易外汇收结汇手续，鼓励采用人民币结算。

3. 形成具有广州特色的发展模式

广州高度重视市场采购贸易方式试点工作，在借鉴前两批试点经验的基础上，组建了多部门、高效率的管理组织体系，构建了以“划定、留存、认定”为特征的市场采购商品认定体系，搭建了便利、高效、共享、规范的市场采购贸易联网信息平台，采用了“全关通”的便利化通关模式，已初步形成了具有广州特色的发展模式。

目前，广州市场采购贸易方式集聚区范围，是花都皮革皮具市场1～10期。国际贸易服务中心设在市场的6期，相关职能部门集中办公。联网信息平台具有主体备案、供货商（商户）交易登记、组货装箱、报关/报检、查验/放行、免税管理、收结汇管理等环节，实现一点接入、一次申报、多家联办、一点反馈、信息共享。

广州通过市场采购贸易方式试点，将有效凝聚和统筹配置全省乃至华南区域各省市的资源，进一步做大做强自身的外贸，加快培育一批在国际国内具有优势的技术、产品、品牌、企业和产业，在服务全省大局、促进全省外贸发展中承担起更大的责任。

4. 为外贸发展提供可复制可推广的经验模式

试行市场采购贸易方式也是推进供给侧结构性改革和“放管服”改革的重要抓手。广州通过体制机制创新，为全省专业批发市场转型升级、外贸创新发展提供可复制可推广的经验模式，为全省外贸发展打造新的引擎。接下来，广州将在实践中不断总结经验、完善政策，努力扩大试点政策的惠及面，使试点服务于全省的市场采购贸易，将试点红利惠及全省；积极争取国家和省的支持，理顺市场采购贸易方式，推动旅游购物向市场采购贸易的顺利升级；加快完善配套政策体系和国际贸易服务中心建设，加强联网信息平台功能，大力推进区域通关一体化，引入供应链金融服务，建设一个真正开放、繁荣的商贸生态系统，为多品种、多批次、小规模的出口探索一条新路，为广东对外开放树立新的标杆。

（五）外贸综合服务增强广东外贸竞争新优势

外贸综合服务、跨境电商、市场采购是我国重点培育的三大外贸发展新业态。其中，外贸综合服务的核心作用是助推成千上万个中小外贸企业出口，对于拉动外贸出口、促进中小企业发展、推动经济转型具有重要意义。

外贸综合服务是对传统外贸业务模式的创新，是指基于互联网平台，以整合通关、收汇、退税、物流、仓储、融资、结算、信保、市场推广等国际贸易供应链各环节服务为基础，为众多的中小外贸企业提供标准化、高效透明的外贸综合服务，降低其综合外贸成本的新型贸易业态。提供该综合服务的外贸企业称为外贸综合服务企业，由外贸综合服务企业设立的向中小微企业提供外贸综合服务的互联网平台则称为外贸综合服务平台。

2013 年 7 月，国务院常务会议制定了促进外贸发展的“国六条”，其中第四条正式提出“外贸综合服务企业”这一概念，首次明确外贸电子商务综合服务平台作为服务机构的身份。国家促进外贸政策措施的出台，为外贸综合服务市场化发展提供了广阔空间。广东更是重金扶持外贸综合服务企业，对外贸综合服务企业融资贷款给予贴息支持。对珠三角地区年出口规模超 10 亿美元的外贸综合服务企业，给予 500 万元奖励。对粤东西北地区符合申报条件并经省有关部门认定的外贸综合服务企业，给予 500 万元扶持。广东支持外贸发展的政策措施，吸引主流电商企业纷纷抢滩“外贸综合服务平台”。未来还会有更多的电子商务平台参与竞争，并有望由目前单向服务中国企业向海外扩展，提供跨国的双向服务，实现资源的高效配置，成为中国外贸企业转变外贸发展方式，提升国际竞争力的新模式。

广东外贸综合服务企业通过创新商业模式，运用互联网、大数据，在为广大中小企业开拓国际市场、降低贸易成本、缓解融资困难等方面发挥积极作用，也为促进广东对外贸易结构调整和供给侧结构性改革、培育外贸出口新优势作出重要贡献。

1. 显著增强中小企业竞争力

外贸中小企业借助外贸综合服务新业态，不仅可降低企业成本、促进成交，还能缓解融资难、融资贵的难题。如 2016 年 7 月 22 日，阿里巴巴与中行、招行、建行、平安、邮储、上海银行、兴业银行宣布进行深度合作，向使用阿里巴巴一达通出口基础服务的中小企业，提供以出口贸易数据为基础的无抵押、免担保、纯信用贷款服务，最高授信可达1000万元，已累计为中小企业间接融资金额超700亿元。外贸综合服务新业态极大地提高了中小企业竞争力，并让其有能力专注于产品开发和市场开拓。此外，外贸综合服务平台还可通过区域内贸易大数据，为外贸中小生产企业提供有效的数据支持。

2. 提升外贸服务集约化和专业化

外贸综合服务企业通过外贸综合服务平台提供一体化外贸服务，打破了传统外贸经营模式，实现向融合式服务模式转变，有效优化产业组织形式，进一步拓展自身现有业务并提高合作量，充分发挥外贸业务、专业人才和产业集聚孵化功能，加快企业转型升级，最终提高服务的集约化和专业化水平，提升产业整体竞争优势。

3. 推动外贸管理模式创新

开展外贸综合服务企业试点，有利于推动监管模式创新，逐步形成适应外贸综合服务企业发展的管理模式，提高贸易便利化水平，为推动外贸健康发展提供可复制、可推广的经验模式，进而有利于促进外贸稳增长、调结构。

4. 强化三大综合服务类型

当前，外贸综合服务试点企业主要以供应链公司、物流公司和外贸公司等为主，依托自身的客户、资金、服务和业务资源优势，业务类型大致可分为基础服务、金融服务和特色服务三种。一是基础服务，主要是在优化外贸代理管控思路的基础上，将外贸综合服务企业自营出口流程规范化和标准化。二是金融服务，主要是基于贸易背景的垫资服务（如信用证收款项下融资—打包贷款、买断/非买断信用证融资）、赊销订单融资、库存质押融资乃至信用融资以及远期（锁汇）结汇服务等。三是特色服务，平台公司利用股东背景和资源优势提供各种特殊服务。

5. 综合服务试点亟待解决的问题

广东外贸综合服务试点企业不断扩大，已成为与跨境电商、市场采购并列的三大贸易创新业态，同时，也出现了一些问题和瓶颈，亟待解决。

（1）化解服务平台经营风险。

不同的外贸综合服务企业（平台）有不同的门槛、规则和资费，中小企业客户一般只能接受而难以议价。而外贸综合服务平台为争夺客户，往往可能采取价格竞争策略，导致平台经营风险加剧，进而影响整个行业发展（如 P2P 网络借贷等互联网金融公司）。因此，需要构建外贸综合服务平台基础性标准，鼓励外贸综合服务企业在提供标准化服务的基础上，通过提供更多的衍生服务和特色服务来提高平台的竞争力，促进行业可持续发展。

（2）健全监管政策配套体系。

当前，外贸监管主要针对传统外贸型经营单位和发货单位，缺少对外贸综合服务企业这一新业态的监管办法，将不利于该新业态的良性发展，如某平台出口 10000 票货物，若其中有 1 票涉及侵犯知识产权问题，则作为经营单位的平台就要被降低信用级别或受到其他惩罚。因此，政府职能部门应考虑对外贸综合服务企业设立更合理的监管标准，不断完善政策配套体系，分清外贸综合服务平台与中小企业的责任边界，为外贸综合服务企业发展提供优质环境。平台企业要加强行业联盟建设、数据互联互通、信用体系构建，特别是违信客户信息的共享，以减低交易的“信任成本”，提高外贸综合服务企业的风险防范能力。

（3）加快与跨境电商的融合发展。

当前，国外外贸综合服务平台功能多集中在信息、认证、产品展示和参展，并以虚拟办公等手段帮助企业高效处理事务以提升竞争力，十分贴合企业需求。但我国平台所提供的服务大多仍停留在物流、通关、退税等基础性环节，部分企业涉及金融服务，但整体而言衍生性服务有待拓展和完善。有鉴于此，建议外贸综合服务企业加快与跨境电子商务的融合发展，支持外贸综合服务企业打造电商交易、贸易服务（信息、认证、产品展示等）、风险管控、政策落地“四位一体”的跨境电商综合服务平台，助力企业拓展海外市场；支持外贸综合服务企业建设与完善国际营销网络，甚至建设公共海外仓，发展海外物流配送渠道，拓展海外服务功能，主动融入境外零售体系；加强与银行、基金等金融机构合作，利用企业的信用优势，打造融资担保平台，积极利用保理、票据贴现、订单融资、信用证融资、买（卖）方信贷等金融工具，为外贸中小企业提供灵活便捷的融资服务。

（4）打造外贸综合服务平台。

我国中小外贸型企业数量将近500万户，我国对外贸易总额的60%是由出口型中小企业创造的。由于缺少通关、融资、退税等各个环节的专业人才，订单散且小，外贸环节对中小企业来说依然繁琐复杂。但是通过外贸综合服务平台，通关从两三天缩减到6小时，退税从3个月缩减到3天，融资从申请到拿到贷款也减至6个小时，中小企业做外贸的效率将成倍提升。

外贸综合服务平台建设已初见成效，吸引成千上万的中小企业参与进来，这将彻底改变中国外贸格局。外贸综合服务平台未来将成为国际金融、国际物流服务资源整合的主体，实现真正的跨境贸易全流程服务，也将成为在互联网时代改变我国乃至全球服务业利益格局的有力推手。

外贸综合服务平台通过加强与金融机构的深度合作，为外贸企业提供应收账款融资、出口退税融资服务，只要有订单、有效益，就会得到相应的金融支持。这样的融资可谓雪中送炭，可真正意义上为中小企业注入能量。

支持具备较强实力和供应链服务能力的企业，依托各类产业集聚区和外贸产业基地，发挥产业、企业集聚优势，打造外贸综合服务平台，把基地内中小微企业的出口潜力转化为出口实绩。

可考虑发挥外贸专项资金的导向作用，对采用外贸综合服务模式自营出口，服务客户多、出口规模大、增长速度快的企业给予重点扶持；对外贸综合服务企业投保出口信用保险给予保费补贴；对外贸综合服务企业搭建在线服务平台、建立国际营销网络等给予资金扶持。

（5）加强监管单位的沟通与协调。

外贸综合服务试点企业应在做大业务规模的基础上，加强与海关、商检、外汇、国税、金融、保险等单位的沟通与协调，根据自身业务特点，创新管理和服务方式，如探索“汇总征税”“自报自缴”“AEO（经认证的经营者）认证”“通关一体化”等新政在外贸综合服务企业的适用性，从而为试点的复制推广积累经验。

五

积极参与“一带一路”建设

2013年9月7日，中国国家主席习近平在哈萨克斯坦提出：“为了使各国经济联系更加紧密、相互合作更加深入、发展空间更加广阔，我们可以用创新的合作模式，共同建设‘丝绸之路经济带’，以点带面，从线到片，逐步形成区域大合作。”同年10月3日，习近平主席又在印度尼西亚提出：“中国愿同东盟国家加强海上合作，使用好中国政府设立的中国—东盟海上合作基金，发展好海洋合作伙伴关系，共同建设21世纪‘海上丝绸之路’。”在不到一个月的时间里，习近平主席就在两个不同但又密切相关的国家，分别提出了“丝绸之路经济带”和“21世纪海上丝绸之路”这两大构想，强调相关各国合力打造互利多赢的“利益共同体”、繁荣昌盛的“命运共同体”、维护和平的“责任共同体”，并得到了国际社会高度关注和有关国家的积极响应。

在2016年3月5日召开的第十二届全国人民代表大会第四次会议（以下简称“十二届全国人大四次会议”）上，国务院总理李克强提出：扎实推进“一带一路”建设。统筹国内区域开发开放与国际经济合作，共同打造陆上经济走廊和海上合作支点，推动互联互通、经贸合作、人文交流。构建沿线大通关合作机制，建设国际物流大通道。推进边境经济合作区、跨境经济合作区、境外经贸合作区建设。坚持共商共建共享，使“一带一路”成为和平友谊纽带、共同繁荣之路。

在当今这个新的历史时期，沿着陆上和海上两条古丝绸之路构建经济大走廊，能够为中国与沿线国家（或地区）带来共同的发展机会，拓展更为广阔的发展空间。“一带一路”这个全新的构想，顺应了和平发展、合作共赢的时代潮流，致力于维护全球自由贸易体系和开放型经济体系，促进沿线各国加强合作、共克时艰与共谋发展。它承载着沿途各国繁荣昌盛的梦想，跨越历史时空、融通古今中外，赋予古老的丝绸之路崭新的时代内涵。而广东作为对外开放大省，处于“一带一路”的重要节点，积极参与这一倡议的建设，可助推广东的经济可持续健康发展，是一个千载难逢的有利时机。

（一）“一带一路”倡议的主要内容

“一带一路”（英文：The Belt and Road，缩写 B&R）是“丝绸之路经济带”和“21 世纪海上丝绸之路”的简称。它不是一个实体和机制，而是合作发展的理念和倡议，是依靠中国与有关国家既有的双多边机制，借助既有的、行之有效的区域合作平台，旨在借用古代“丝绸之路”的历史符号，高举和平发展的旗帜，主动地发展与沿线国家的经济合作伙伴关系，共同打造政治互信、经济融合、文化包容的利益共同体、命运共同体和责任共同体。“一带一路”倡议意味着我国改革开放的战略性转变，具有极其深远的重要意义。该构想已经引起全国与相关国家（或地区）乃至全世界的高度关注和强烈共鸣，取得丰硕的成果。

1. “一带一路”的发展目标

当今世界发生着复杂多样的变化，国际金融危机多次发生，世界经济复苏缓慢，各国发展情况参差、分化严重，国际贸易投资格局、多边贸易投资规则深刻调整，各国面临的发展问题仍然严峻。“一带一路”倡议顺应世界多极化、经济全球化、文化多样化、社会信息化潮流，秉持开放的区域合作精神，致力于维护全球性的自由贸易投资体系和开放型的世界经济体系。

“一带一路”旨在促进经济要素自由流动、资源高效配置和市场深度融合，推动沿线各国实现经济政策协调，开展更大范围、更高水平、更深层次的区域合作，共同打造开放、包容、均衡、普惠的区域经济合作框架。它符合国际社会的根本利益，彰显全人类的共同理想和美好追求，是对国际合作与全球治理新模式的积极探索，可为世界和平发展增添新的正能量。

“一带一路”致力于亚欧非大陆及附近海洋的互联互通，建立和加强沿线各国互联互通伙伴关系，构建全方位、多层次、复合型的互联互通网络，实现沿线各国多元、自主、平衡、可持续的发展。“一带一路”的互联互通项目，可推动沿线各国发展战略的对接与耦合，发掘区域内的市场潜力，促进投资和消费，创造需求和就业，增进沿线各国人民的人文交流与文明互鉴，让各国人民相逢相知、互信互敬，共享和谐、安宁、富裕的生活。

2.“一带一路”的基本原则

在2017年10月17日召开的中国共产党第十九次全国代表大会（以下简称“党的十九大”）上，党的十九大新闻发言人庹震提到：“‘一带一路’倡议始终坚持奉行‘共商、共建、共享’原则，坚持平等协商及充分尊重各国的自主选择，坚持不附加任何政治条件，是所有国家不分大小、贫富、强弱，一律平等相待、共同参与的合作。”据《推动共建丝绸之路经济带和21世纪海上丝绸之路的愿景与行动》，“一带一路”倡议的实施需要遵循以下四项基本原则：

一是坚持开放合作。共建“一带一路”的国家不再仅仅是局限于古丝绸之路的地域范围内，而是各个国家和地区都有资格，以期通过开放合作让建设成果普惠到更加广泛的国家或地区。二是坚持和谐包容。倡导文明宽容，尊重各国发展道路与模式的选择，加强不同文明之间的对话，求同存异、兼容并蓄、和平共处、共生共荣。三是坚持市场运作。遵循市场规律和国际通行规则，充分发挥市场在资源配置中的决定性作用和各类企业的主体作用，同时发挥好政府的作用。四是坚持互利共赢。兼顾各方利益，寻求利益契合点和合作最大公约数，体现各方智慧和创意，各施所长、各尽所能，将各方优势和潜力充分发挥出来。

3. “一带一路”的发展思路

有关国家共建“一带一路”，将秉持和平合作、开放包容、互学互鉴、互利共赢的理念，以“五通”，即政策沟通、设施联通、贸易畅通、资金融通、民心相通为主要内容，全方位推进务实合作，打造政治互信、经济融合、文化包容的利益共同体、责任共同体和命运共同体。具体包括三个方面：①

（1）把握好合作方向。

“一带一路”贯穿亚欧非大陆，一头是活跃的东亚经济

① 《“一带一路”的提出背景及具体思路》，国务院新闻办公室网站2015年4月14日。

圈，一头是发达的欧洲经济圈，中间是发展潜力巨大的腹地国家。丝绸之路经济带的重点合作方向有三个，一是中国经中亚、俄罗斯到欧洲（波罗的海）；二是中国经中亚、西亚到波斯湾、地中海；三是从中国到南亚、东南亚乃至印度洋周边地区。21 世纪海上丝绸之路的重点合作方向有两个，一是从中国沿海港口经南海到印度洋并延伸至欧洲；二是从中国沿海港口经南海到南太平洋。

（2）共建国际经济合作走廊。

陆上依托国际大通道，以沿线中心城市为支撑，以重点经贸产业园区为合作平台，共同打造新亚欧大陆桥、中蒙俄、中国—中亚—西亚、中国—中南半岛等国际经济合作走廊。海上以重点港口为节点，共同建设安全高效通畅的运输大通道。中巴、孟中印缅两个经济走廊与“一带一路”建设关联紧密，可进一步推动合作，取得更大进展。

（3）推动形成区域经济一体化新格局。

“一带一路”建设是沿线各国开放合作的宏大经济愿景，需要各国携手努力，朝着互利互惠、和平发展的目标相向而行，尽早建成安全高效的陆海空通道网络，实现区域互联互通，促进投资贸易便利化达到一个新水平，彼此间经济联系更加紧密，政治互信更加深入，形成更大范围、更宽领域、更深层次的区域经济一体化新格局。同时，要推动“一带一路”沿线各国人文交流更加广泛深入，使不同文明互鉴共荣，各国人民友好相处。

4.“一带一路”的八项要求

2016 年 8 月 18 日，在“一带一路”建设工作座谈会上，习近平主席指出，一个国家强盛才能充满信心开放，而开放促进一个国家强盛。我们要保持经济持续健康发展，就必须树立全球视野，更加自觉地统筹国内国际两个大局，全面谋划全方位对外开放大战略，以更加积极主动的姿态走向世界。习近平主席还就推进“一带一路”建设提出以下八项要求①：

（1）要切实推进思想统一，坚持各国共商、共建、共享，遵循平等、追求互利，牢牢把握重点方向，聚焦重点地区、重点国家、重点项目，抓住发展这个最大公约数，不仅造福中国人民，更造福沿线各国人民。中国欢迎各方搭乘中国发展的快车、便车，欢迎世界各国和国际组织参与到合作中来。

（2）要切实推进规划落实，周密组织，精准发力，进一步研究出台推进“一带一路”建设的具体政策措施，创新运用方式，完善配套服务，重点支持基础设施互联互通、能源资源开发利用、经贸产业合作区建设、产业核心技术研发支撑等战略性优先项目。

（3）要切实推进统筹协调，坚持陆海统筹，坚持内外统筹，加强政企统筹，鼓励国内企业到沿线国家投资经营，也欢迎沿线国家企业到我国投资兴业，加强“一带一路”建设同京津冀协同发展、长江经济带发展等国家战略的对接，同西部开发、东北振兴、中部崛起、东部率先发展、沿边开发开放的结合，带动形成全方位开放、东中西部联动发展的局面。

（4）要切实推进关键项目落地，以基础设施互联互通、

① 《习近平就“一带一路”建设提 8 项要求》，《新华每日电讯》2016 年 8 月 17 日。

产能合作、经贸产业合作区为抓手，实施好一批示范性项目，多搞一点早期收获，让有关国家不断有实实在在的获得感。

（5）要切实推进金融创新，创新国际化的融资模式，深化金融领域合作，打造多层次金融平台，建立服务“一带一路”建设长期、稳定、可持续、风险可控的金融保障体系。

（6）要切实推进民心相通，弘扬丝路精神，推进文明交流互鉴，重视人文合作。

（7）要切实推进舆论宣传，积极宣传“一带一路”建设的实实在在成果，加强“一带一路”建设学术研究、理论支撑、话语体系建设。

（8）要切实推进安全保障，完善安全风险评估、监测预警、应急处置，建立健全工作机制，细化工作方案，确保有关部署和举措落实到每个部门、每个项目执行单位和企业。

5.“一带一路”的合作机制

加强双边合作，开展多层次、多渠道沟通磋商，推动双边关系全面发展。推动签署合作备忘录或合作规划，建设一批双边合作示范项目。建立完善双边联合工作机制，研究推进“一带一路”建设的实施方案、行动路线图。充分发挥现有联委会、混委会、协委会、指导委员会、管理委员会等双边机制作用，协调推动合作项目实施。

强化多边合作机制作用，发挥上海合作组织（SCO）、中国—东盟“10＋1”、亚太经合组织（APEC）、亚欧会议（ASEM）、亚洲合作对话（ACD）、亚信会议（CICA）、中阿合作论坛、中国—海合会战略对话、大湄公河次区域经济合作（GMS）、中亚区域经济合作（CAREC）等现有多边合作机制作用，相关国家加强沟通，让更多国家和地区参与“一带一路”建设。

继续发挥沿线各国区域、次区域相关国际论坛、展会以及博鳌亚洲论坛、中国—东盟博览会、中国—亚欧博览会、欧亚经济论坛、中国国际投资贸易洽谈会，以及中国—南亚博览会、中国—阿拉伯博览会、中国西部国际博览会、中国—俄罗斯博览会、前海合作论坛等平台的建设性作用。支持沿线国家地方、民间挖掘“一带一路”历史文化遗产，联合举办专项投资、贸易、文化交流活动，办好丝绸之路（敦煌）国际文化博览会、丝绸之路国际电影节和图书展。

6.“一带一路”的发展愿景

共建“一带一路”是中国的倡议，也是中国与沿线国家的共同愿望。站在新的起点上，中国愿与沿线国家一道，以共建“一带一路”为契机，平等协商，兼顾各方利益，反映各方诉求，携手推动更大范围、更高水平、更深层次的大开放、大交流、大融合。“一带一路”建设是开放的、包容的，欢迎世界各国和国际、地区组织积极参与。

共建“一带一路”的途径是以目标协调、政策沟通为主，不刻意追求一致性，可高度灵活，富有弹性，是多元开放的合作进程。中国愿与沿线国家一道，不断充实完善“一带一路”的合作内容和方式，共同制定时间表、路线图，积极对接沿线国家发展和区域合作规划。

中国愿与沿线国家一道，在既有双多边和区域次区域合作机制框架下，通过合作研究、论坛展会、人员培训、交流访问等多种形式，促进沿线国家对共建“一带一路”内涵、目标、任务等方面的进一步理解和认同。

中国愿与沿线国家一道，稳步推进示范项目建设，共同确定一批能够照顾双多边利益的项目，对各方认可、条件成熟的项目抓紧启动实施，争取早日开花结果。

“一带一路”是一条互尊互信之路，一条合作共赢之路，一条文明互鉴之路。只要沿线各国和衷共济、相向而行，各方携手合作，乘势而上、顺势而为，就一定能够谱写建设丝绸之路经济带和21世纪海上丝绸之路的新篇章，就一定能够将“一带一路”建成和平之路、繁荣之路、开放之路、创新之路、文明之路，让沿线各国人民共享“一带一路”共建成果。

（二）广东参与“一带一路”建设的优势

在国家发改委、外交部、商务部联合发布的《推动共建丝绸之路经济带和21世纪海上丝绸之路的愿景与行动》中，根据其地理位置，赋予不同地区在“一带一路”建设中的不同任务和角色。广东作为改革开放的前沿阵地，因其优越的地理位置、独特的文化品质和强劲的经济发展态势等优势，注定要在全面开放新格局任务中承担举足轻重的责任。

1. 地理位置优越

有关“一带一路”建设中，对于广东的定位问题，在《推动共建丝绸之路经济带和21世纪海上丝绸之路的愿景与行动》中给予了说明：

充分发挥深圳前海、广州南沙、珠海横琴、福建平潭等开放合作区作用，深化与港澳台合作，打造粤港澳大湾区。(2015 年 4 月，国务院批准广东自由贸易试验区总体方案。广东自贸试验区包括三个片区：广州南沙片区、深圳前海蛇口片区和珠海横琴片区。)

加强上海、天津、宁波—舟山、广州、深圳、湛江、汕头、青岛、烟台、大连、福州、厦门、泉州、海口、三亚等沿海城市港口建设，强化上海、广州等国际枢纽机场功能。以扩大开放倒逼深层次改革，创新开放型经济体制机制，加大科技创新力度，形成参与和引领国际合作竞争新优势，成为“一带一路”特别是 21 世纪海上丝绸之路建设的排头兵和主力军。发挥海外侨胞以及香港、澳门特别行政区独特优势作用，积极参与和助力“一带一路”建设。为台湾地区参与“一带一路”建设作出妥善安排。

对沿海诸市的定位是：加强沿海城市港口建设，强化国际枢纽机场功能。而广东是古代海上丝绸之路的发源地之一，自古以来就是我国与世界贸易往来的枢纽，其港口众多、海岸线长、通航水网密布，地处东亚—东南亚—大洋洲这一亚太经济走廊的核心位置，而且天然海港数量众多，是我国沿海城市中航线最长、港口数量最多的省份。广东优越的地理位置使其成为中国对外开放的重要窗口，是与海上丝绸之路的各国进行沟通和往来的门户。

2. 文化特色突出

广东文化历史悠久且独具特色，主要有广府文化、潮州文化、雷州文化、东江文化、客家文化五大分支。广东的汉族居民，主要可分为广府、客家与潮汕三大民系。因其距离政治中心地带相对较远，所以在其文化的发展过程中有着自己的区域特点，同时作为改革开放的前沿阵地，人员的流动使中国各地区的文化汇聚于此，因此广东文化呈现包容开放、丰富多样的状态。这种多元开放、丰富多样的文化状态有助于广东与世界不同国家进行友好的文化交流和合作，更好地在“一带一路”建设中的文化合作领域发挥自己的优势。

（1）区域文化丰富。

广东沿海城市各具文化特色，拥有丰富的海洋文化资源。比如广州是一座拥有2200多年历史的文化名城，名胜古迹众多，旅游资源丰富。深圳的历史源远流长，早在6700年前新石器时代中期，就有人类繁衍生息，其物产丰富，是中国有名的旅游城市。从珠海市发掘的文物证明，上溯至四五千年前的新石器时代，就有先民在这块土地上繁衍生息，如今是一个现代化的花园式海滨旅游城市，1998年在全国率先获联合国人居中心颁发“国际改善居住环境最佳范例奖”。珠海市山水相间、陆岛相望，是全国唯一以整体城市景观作为景区入选“中国旅游胜地四十佳”的城市。

此外，广东作为改革开放的探索者，历经40年的发展和变迁，积累了一批优秀的企业家，而这些企业家所具有的开放包容、团结互助、积极进取、开拓创新、自由竞争、敢于冒险的海洋文化精神也成为我国工商业文化和通俗文化的典范。可以说，广东对全国贡献出的走在改革开放前沿的海洋文化精神对社会生产、人民生活都产生了重要的影响。

（2）华侨文化悠久。

除丰富的区域文化外，广东的华侨文化也是中华文化宝库中不可忽视的一块珍宝。华侨的文化影响力总是能在潜移默化中为我国贡献一份力量，众多华侨将中华文化远播海外，是将中华文化与世界文化进行交融的一块“行动的广告牌”。分布在世界各地的广东华侨传播了中华文化、广东文化，在一定程度上有利于增强文化认同感，展现中华文化魅力，为进一步加强彼此间的文化交流、经济合作奠定了良好的基础。文化的传播必定带动经济、政治的往来，悠久的华侨文化为广东参与“一带一路”建设增添了一道亮丽的色彩。

3. 经济发展强劲

2017 年，广东实现地区生产总值达 8.99 万亿元，地区生产总值连续 29 年居全国首位。广东经济总量占全国的份额扩大，2017 年广东地区生产总值占全国的 10.5%，比上年提高 0.14 个百分点；全年地区生产总值同比增幅比全国平均水平高 0.6 个百分点。广东人均地区生产总值突破 8 万元大关，达到 81089 元，是全国平均水平的 1.36 倍。其中，珠三角地区的人均地区生产总值达到 12.48 万元，按年平均汇率折算，为 18484 美元，接近 2014 年非经合组织高收入国家水平。

此外，广东在 2017 年新旧动能加速转换过程中也呈现出更耀眼的亮点：广东坚持把创新驱动发展作为核心战略和总抓手，区域创新综合能力排名跃居全国第一位；企业创新潜力有效激发，国家高新技术企业总量继续保持全国第一；在过去的一年里，“四新”（新技术、新产业、新业态、新模式），还有新产品、新动能，这“六新”得以蓬勃发展，广东有效发明专利量连续8年、PCT（专利合作协定）国际专利申请量连续16年保持全国第一；工业机器人、无人机、太阳能电池的产量分别同比增长50.2%、69.0%、15.9%；全省限额以上单位网上商店零售额同比增长18.6%；跨境电子商务进出口同比增长93.8%；2017年广东新登记市场主体同比增长20.7%，有力支撑了就业和创新发展。

2017年，在以习近平同志为核心的党中央坚强领导下，广东省委、省政府全面贯彻落实党中央、国务院决策部署，坚持稳中求进工作总基调，贯彻新发展理念，以供给侧结构性改革为主线，着力推动结构优化、动力转换和质量提升，国民经济运行好于预期；经济活力、动力和潜力不断释放，稳定性、协调性和可持续性明显增强，继续保持平稳健康发展，也为广东参与“一带一路”建设打下坚实的基础。

（三）广东参与“一带一路”建设的机遇

借助参与“一带一路”建设的过程，广东可以就此实现自身经济结构的转型，具体表现在产业、金融、区域的创新。

1. 产业创新带来的机遇

产业创新涉及产业转型升级和产业转移等带来的红利。随着“一带一路”倡议的实施，中国的一些优质过剩产业将会转移到其他国家和地区。十二届全国人大四次会议就该问题提出着力化解过剩产能和降本增效，重点抓好钢铁、煤炭等困难行业去产能的发展规划。例如，因为市场供求变化，国内一些过剩的产业也许在其他国家能恰好被合理估值；在国内，因为要素成本的上升而使一些产业、产品失去了价格竞争力，也许在其他国家，较低的要素成本会使这些产业重现生机；国内某些产品出口发达国家受限因而影响整个产业的发展，也许在其他国家就能绕开这些壁垒；等等。此外，由于产业转移引致的产业转型升级更是机遇无限，比如技术改造、研发投入、品牌塑造等等都会给投资者带来无限机遇。

如今国家经济面临着全面转型升级的挑战，广东作为中国经济大省也不例外。广东正在全力打造国家科技产业创新中心，2017 年出台了《广深科技创新走廊规划》，着力打造全国创新发展重要一极。但同时也需要为过剩产业或升级产业寻找出路，此时产业输出不失为一条有效之路，而当今世界仍有很多发展中国家或欠发达地区需要产业“引进来”壮大经济实力。在这种情况下，“一带一路”建设为双方展开合作提供了一个互利互惠的合作平台。广东可以通过参与“一带一路”建设，帮助沿线部分发展中国家或欠发达地区进行基础设施建设，譬如铁路、港口、桥梁等；也可以帮助他们发展一批诸如服装、纺织、家电，甚至钢铁、电力、汽车制造等产业。这样既能够提高对方的生产力和经济发展水平，又顺应了广东产业技术升级的发展需要。

2. 金融创新带来的机遇

“一带一路”倡议的实施首先需要有充足的资金流，巨量的资金需求只能通过金融创新来解决。我们已经发起设立

“亚投行”和“丝路基金”，但这也只能解决部分资金问题，沿“带”沿“路”国家和地区一定会进行各种金融创新，包括发行各种类型的证券、设立各种类型的基金和创新金融机制等等，其间的红利和机遇之多是不可想象的。

广东参与“一带一路”建设的资金不可能完全来自国家财政投入，也需要通过金融创新来解决。广东作为中国的经济大省，又毗邻世界金融中心——香港，其金融业发展已经颇具规模，未来广东金融的发展也必定是要逐渐与世界金融的发展相接轨的。“一带一路”建设可以说为广东金融创新带来了一个绝佳的机遇，再加以“丝路基金”和“亚投行”的辅助，广东与沿线国家或地区在金融领域方面的合作可以更上一层楼。金融创新领域的合作可以包括发行各种合作类型的证券、设立各种项目的基金和创新金融机制等等，其间产生的红利是难以估量的，为金融体制创新带来的发展前景更是无与伦比的。

3. 区域创新带来的机遇

“一带一路”本质上是一个国际性区域经济的范畴，随着“一带一路”倡议的实施，必将引发不同国家和地区的区域创新，这包括区域发展模式、区域产业战略选择、区域经济的技术路径、区域间的合作方式等等，其间的每个创新都蕴涵着无限的机遇。[①] 2017 年，广东的区域创新综合能力排名跃居全国第一；全省研发经费支出从 2012 年的 1236 亿元增加到超

---

① 《“一带一路”战略的意义、机遇与挑战》，《经济日报》2015 年 4 月 2 日。

过2300亿元，居全国第一，占地区生产总值比重从2012年的2.17%提高到2.65%；同时新增3个国家级高新区，国家级高新技术企业增加到3万家，跃居全国第一。“一带一路”建设势必会促进广东与东亚、南亚、东南亚、非洲等的沿线国家的经贸往来，必然产生区域间合作，这是一个技术路径、战略选择、发展模式互相借鉴和学习的良好契机。

（四）广东参与“一带一路”建设的策略

在参与“一带一路”建设过程中，广东要本着共商、共建、共享的合作原则，按照实现“五通”的发展方向寻求与其他区域的友好合作，在顶层设计上继续推进，产业结构上转型升级，加快资源要素的流动性，充分利用好“一带一路”这个对外开放和经济转型的重要平台。

1. 继续推进顶层设计

为了使广东能够更好地融入“一带一路”的建设，在顶层设计上需要做好政策方面的保障。其中，极其重要的一点是“一带一路”必须建立在法治化和制度标准化的基础之上。为了减少贸易摩擦，可以尝试与沿线国家或区域签订一系列相关贸易投资协议、共建国际合作组织、统一贸易往来的合作章程等方式来创造一个和谐的合作氛围。

此外，广东作为我国对外开放的前沿阵地，是中国品牌走向世界的一大窗口，中国标准在很多领域诸如铁路、基建等方面已经具有足够的实力可以独树一帜。正确引导中国标准机制的建立，并通过广东与“一带一路”沿线国家或地区的交流过程传播到世界各地。

2. 加快产业转型升级

“一带一路”沿线国家的工业基础相对薄弱，产业体系不够完善，而广东作为制造业大省，在“一带一路”的发展合作过程中，可通过多发掘一些互补互利的项目、转移产业、项目合作、设施输送等，既能促进自身产业转型升级，提高配套产品的自主化水平和制造能力，解决产能过剩的问题，同时实现区域合作互补。

建议广东省政府有选择性地扶持部分富有国际竞争力的企业，鼓励本地企业参与沿线国家基础设施建设和产业投资。建议加强重大产业平台的建设，区域间承接高附加值产业的外溢，提升产品的设计和品牌竞争力，同时积极寻找代加工工厂进行转移，将生产重心转移到核心产品上来。此外，为改善广东产业结构，提升产业价值链的段位，可以考虑多元化发展第三产业，比如优化金融服务业、打造高端旅游业等，首先广东可充分利用毗邻香港这个世界金融中心的优势，提升金融服务体系，优化金融产品结构、新金融服务和投融资模式，进而吸引“一带一路”沿线国家或地区的资金投入；其次，将广东富有民族特色的海洋文化和历史遗产、自然资源高效结合，展示灿烂辉煌的中华文化，建设各种国家级风景区，打造知名的沿海旅游休闲产业链，进而吸引国际高端旅游人群。

3. 促进资源要素流动

生命在于运动，经济要素也同理，人流、技术流、资金流等资源要素唯有运动起来才能够提高使用效率和生命力，提升国际竞争力。其中，尤其是人流和技术流的往来。当前世界处于信息革命和人工智能革命的时代，突破“李约瑟之谜”，应有紧迫感和危机感。广东相较于全国各地更有科技创新土壤，实力更为雄厚，势头更为强劲，包括正在建设的珠三角自主创新示范区、广深科技创新走廊，可以吸引大量国外高科技人才前来创新创业。

促进要素流动，共建重大平台载体是一个着力点。平台化是区域协同发展的重要趋势，也是促进人流、技术流、资金流等资源要素优化配置的重要路径和突破口。建议搭建跨区域联合招商引资平台，设立跨区域发展的证券投资基金；搭建跨区域的物流平台，打破分割化的物流管理体制，提升物流业的信息化和标准化水平；搭建人才的跨区域协作平台，将人才的一体化发展体制机制改革和政策的联合创新结合，实现区域间人才公用；搭建跨区域的政务大数据开放平台，实现政务、交通、环保、教育等领域数据互通，打造智慧“一带一路”。

推进粤港澳大湾区与世界级城市群建设

2018年3月7日上午，习近平总书记在参加十三届全国人大一次会议广东代表团审议时指出，“广东是改革开放的排头兵、先行地、实验区，在我国改革开放和社会主义现代化建设大局中具有十分重要的地位和作用。”[①] 习近平总书记不仅强调了广东在全国发展格局中的重要历史地位，并对其未来发展态势予以殷切期待。这种对历史发展的充分肯定，以及对广东未来的期许，需要广东各个城市在实现卓越发展的同时，成功辐射和引领到整个粤港澳大湾区城市的空间联动中去，最终得以成功构建起世界级城市群。只有如此，习近平总书记的殷殷嘱托才得以从宏伟蓝图转变为可期的现实。

（一）粤港澳大湾区建设世界级城市群的时代机遇与现实基础

所谓“城市群”，是指在相对紧凑的地域范围内有相当数量不同规模的特色城市，以一个或者多个超大、特大的城市作为该区域的经济核心，借助于现代化的交通工具和综合运输网络进行连通，以及高度发达的信息咨询网络体系，共同构建起一个相对完整的城市“集合体”。[②] 而在粤港澳大湾区进行世界级城市群建设构想的提出，是在此前的不同历史发

---

① 《以新的更大作为实现“四个走在前列”》，《南方日报》2018年3月8日。

② 刘党社：《城市群综合竞争力评价指标体系研究》，《山东商业职业技术学院学报》2009年第9卷第4期，第2—4页。

展阶段即珠三角、大珠三角和泛珠三角基础上，迎合当前全球治理要求，推进我国“一带一路”倡议，以及应对以城市作为国际竞争核心单元的新趋势下，作出的大胆创想与勇敢开拓。毫无疑问，在粤港澳大湾区着手建设世界级城市群，同时具备了较为充分的现实基础和前所未有的时代机遇。该战略进程既是向外迎合全球化发展需求、推动我国与其他国家参与全球命运共同体建设的创举，也是对内增强国家核心竞争力、解决区域发展不平衡等问题的必经之路。

1．时代机遇

李克强总理在2017年的《政府工作报告》中提出，要研究制定粤港澳大湾区城市群发展规划。这标志着粤港澳大湾区进行城市群的规划和建设正式被提升到国家发展战略的高度。2017年7月1日，国家发展和改革委员会、广东省人民政府、香港特别行政区政府、澳门特别行政区政府在香港签署了《深化粤港澳合作　推进大湾区建设框架协议》（以下简称《协议》）。《协议》强调，粤港澳大湾区城市群要“高水平地参与国际合作，提升在国家经济发展和全方位开放中的引领作用”。这意味着粤港澳大湾区城市群建设在全球化视野与国家发展格局的双重框架引领下，踏上了追求战略目标和寻觅发展突破口的光辉历程。

近年来的全球城市群发展，呈现出了我国城市群建设极为有利的态势。根据美国布鲁金斯协会《全球大都市观察2014：不确定的复苏》研究报告，全球发展速度最快的城市群目前大多集聚在发展中国家。与之相比，多达83%的发展速度极为缓慢的城市群集中在西欧、北美和亚太地区的一些发达国家中。报告还显示，各国的大都市圈和重要城市群，依然是其国家经济政治的主要动力来源，其人均 GDP（国内生产总值）都超过了所在国家的平均水平。[①] 同时，亚洲在全球经济发展格局中的地位也逐年上升。亚洲近年来已经成为全球经济中最重要、最具有潜力的新增长区域。2017 年全球财富的 500 强企业中，有 194 家来自亚洲，比 10 年前增加了 56%。[②] 这些事实无疑为粤港澳大湾区进行世界级城市群建设提供了有利的成长环境。

2. 现实基础

与世界其他知名湾区的建设历程极为相似的是，将粤港澳大湾区大力建设为世界级城市群的重大现实依据之一，就是湾区涵盖了具备强大国际竞争力和影响力的城市。早在 2000 年，著名的城市研究者曼纽尔·卡斯特尔（Manuel Castells）撰文指出，泛珠江三角洲地区（PPRD）是全球经济大网络中日渐兴盛的“世界级的城市区域”（Global City Regions）。其中香港发挥了一个世界级核心城市的指挥和控制功能，广州和深圳也争先恐后地在高端服务业上实现突破。[③] 中

---

① Joseph Parilla, Jesus Leal Trujillo & Alan Berube, “Global Metro-monitor——An Uncertain Recovery”, *Brookings*, Metropolitan Policy Program, 2015, pp. 1 -2. 转引自谢许潭:《借鉴与合作：粤港澳大湾区与世界知名湾区的互动新态势分析》,《城市观察》2018 年第 1 期，第 46 页。

② 《2017 年〈财富〉世界 500 强榜单出炉：中国 115 家创新高　腾讯阿里首登榜》，观察者网 2017 年 7 月 20 日。

③ Jiangbo Bie, Martin de Jong, and Ben Derudder, “Greater Pearl River Delta: Historical Evolution towards a Global City-Region”, *Journal of Urban Technology*, Vol. 22, No. 2, 2015, pp. 104 - 106.

国社会科学院最新发布的《全球城市竞争力报告（2017—2018）》显示，中国有21个城市成功挤入全球100强城市行列，其中粤港澳大湾区表现极为抢眼，深圳、香港和广州的经济竞争力跻身前20强的行列。该报告主编倪鹏飞指出，粤港澳大湾区的发展极有可能打破多个次中心围绕一个中心城市发展的传统形态，刷新人们对城市群的认识。[①]

湾区得以进行世界级城市群建设的另一动态条件，是湾区所涵盖的城市多年来一直处于强劲发展态势之中。一方面，湾区城市群的城市和大城市数量不断增加。1990年10万人口以上的城市仅为21座，1995年就增长至31座。到2016年，广州和深圳人口分别飙升至1404万和1191万，发展速度惊人。另一方面，通过行政片区的整合实现特大城市的扩容。如广州、佛山、惠州等城市都先后进行了行政区划调整，番禺、花都、从化、南海、顺德等地纷纷纳入市级行政区管理之下；1990年大湾区仅有香港1座特大城市，大城市由1990年的1座迅速增加到2015年的8座。[②] 因此，无论是从静态的综合实力还是从动态的发展态势来看，粤港澳大湾区都具备了建设世界级城市群的必备条件。

湾区的各个重要城市也在应对全球化挑战、参与全球治理发挥着非常活跃的作用。2018年全球治理高层政策论坛暨2018“一带一路”金融投资论坛，于4月12日在广州举行。这是该论坛自从2012年启动以来，首次在北京以外的城市举

---

① 王娟、张毓莹、姬煜彤：《全球城市竞争力排名出炉　粤港澳大湾区表现亮眼》，中国城市发展网2017年10月31日。

② 汪行东、鲁志国：《粤港澳大湾区城市群空间结构研究：从单中心到多中心》，《岭南学刊》2017年第5期，第79页。

办，进一步凸显了广州的重要地位。截至2017年底，广州在“一带一路”沿线国家与地区累计投资项目达160个，中方协议投资额30.40亿美元。以粤港澳大湾区为支点，把目光放至全球，沿着“一带一路”，广州发挥“枢纽+”优势将步伐迈得更远。目前，广州正在紧锣密鼓地制定2018—2020年广州参与国家“一带一路”建设的三年行动计划，深入推动与沿线国家与地区的政策沟通、实施联通、贸易畅通、资金相通、民心相通，加快形成全面开放新格局，以更加开放的姿态融入经济全球化的时代潮流。而香港作为世界级金融中心，也在中央政府的坚定支持下建立起了“三通”新渠道，即2014年沪港通、2016年深港通和2017年推出的债券通，更增加了发展潜力，并扮演着日趋重要的、连接内地资金和国际资金的重要管道的角色。深圳则以令人瞩目的速度在科技创新方面走出了坚实的步伐，每年投入地区生产总值4%的资金额进行研发工作，达到了国家平均投资水平的2倍；深圳注册高质量国际专利的企业数量已超过了英国和法国的全国专利数总和。深圳的优异表现令世界各国瞩目，被世界知名的财经杂志《经济学人》（*The Economist*）誉为“珠三角最有活力的城市”。总之，在粤港澳大湾区建设世界级城市群已经具备了充分的现实条件与多方实力基础。

（二）粤港澳大湾区建设世界级城市群的挑战

尽管具备强有力的发展基础与宝贵的时代机遇，在粤港澳大湾区建设中实现成功的世界级城市群建设，仍然面临着目标与实力之间的切实差距。这种差距具体体现在以下几个方面。

1. 湾区城市“竞合”关系的优化过程中存在现实掣肘

粤港澳三地在国家战略的推动、港澳主权回归的双重推力作用下，其经济联系的强化和行政联系的弱化，共同促进了三地城市群合作的不断深化。湾区城市群内部的合作大致经历了三个阶段，即1980年至1999年期间为第一阶段，三地城市群合作主要表现为“前店后厂”“三来一补”和加工制造业为主等；随着1998年粤港澳高层合作联席会议制度的建立，从2000年至2013年期间的第二阶段合作开启，表现为建立“共同市场”和以服务业合作为主等特点；2014年至今则是湾区城市群合作的第三阶段，粤港澳在2014年实现了区内服务贸易自由化后，国务院又在2015年批准设立了前海、南沙、横琴自贸区，粤港澳三地城市群之间在跨境金融业、航运物流和服务业进一步拓宽了合作范围。①

然而，目前的粤港澳大湾区城市之间的“竞合”关系还有较大的提升空间，城市之间的无序竞争和重复性合作的问题依然存在；城市之间的相对优势得不到有效发挥，各自的发展短板也尚未得到有效弥合。目前来看，虽然湾区城市群具备了一定的地区经济一体化水平，但是粤港澳大湾区所涵盖的城市之间还远未实现“政治上的联合”（politically unified）。因

① 林先扬：《粤港澳大湾区城市群经济外向拓展及其空间支持系统构建》，《岭南学刊》2017年第4期，第28页。

此，在截然不同的管理机制下运行的湾区所涵盖的各个城市之间，虽然地理位置极为邻近，却各自运转，各行其是。

同时，在2015年香港的地区生产总值被广州赶超以后，一系列阻碍合作的言论如“香港即将被广深边缘化”“深圳经济增速和科技创新力让广州显得逊色”等，一再破坏三地城市之间的合作氛围。这无疑是对广深港三个重要城市的发展作出的极为片面化的评估。一方面，我们应看到科技创新和制度创新在推动深圳高速发展中的显著效应。另一方面，也应认识到，广州投入的巨额基础设施建设难以在短期内产生巨大经济效益，是造成暂时增速逊于深圳的因素之一；2015年，广州经济总量达到1.8万亿元以上，成功赶超香港。[①] 2016年1月13日，香港特区行政长官梁振英在记者会上表示，内地经济增速较快而香港较慢是事实，但香港依然具备多方优势，与其他城市也存在广阔的互利合作空间。[②] 改革开放40年来，粤港澳三地核心城市力量格局不断发生变迁。只有通过进一步优化城市之间的“竞合关系”，将此前的“深度合作”成功推向“全面合作”阶段，才能适应城市格局变迁带来的新挑战。

2. “一国两制”的制度优势发挥不够充分

虽然市场机制通过集聚与扩散、分工与合作等手段，在协调世界级城市群发展中发挥了重要角色，但政府干预和政

① 《梁振英回应香港GDP被广州等城市赶超》，《南方都市报》2016年1月14日。

② 杜弘禹：《广州2015年GDP总量将超新加坡　2020年人均GDP目标18万元》，《21世纪经济报道》2016年1月13日。

策协调，依然是加快城市群内部一体化、提升整体竞争力和解决城市发展失衡的重要保障。目前，粤港澳大湾区城市群的发展已经开始由单中心向多中心结构转型。从城镇人口分布情况来看，到 2017 年底，香港常住居民总数为 717.28 万人，广州户籍人口总数在 2016 年底已达到 870.49 万人。[①] 从地区生产总值数据来看，香港作为湾区城市群的首位城市，首位度也不断下降。1990 年，香港地区生产总值为广州的 6.81 倍，但到 2015 年，广州地区生产总值达 1.81 万亿元，已与该年度香港的地区生产总值相当。可以说，大湾区城市群的发展结构从原来的以香港为“单个中心”，演变为广深港“多个中心”共存的新局面。[②] 目前大湾区的城市群建设已经达到了从孤立发展到单中心发展，再到多中心发展三个阶段中的最高阶段。

显然，这种多中心格局的高水平发展和城市力量格局的变迁的全新局面，还需要更有力地挖掘“一国两制”的制度优势，并大力寻求该框架下推动多个中心城市协同发展的制度创新点，才得以从容和有效地应对。目前，“一国两制”的制度优势发挥还不够充分，不仅制约了整个大湾区整体实力的提升，也大大制约了湾区城市对外开放的水平。只有充分发扬“一国两制”的制度优势，才能深化香港与其重要国际市场和传统经济腹地东盟的协同合作关系，才能深度挖掘香港与东盟经济的互补性，从而为香港应对日益激烈的城市间

---

① 广州人口数据来自广州统计信息网；香港人口数据来自香港特别行政区政府统计处。

② 汪行东、鲁志国：《粤港澳大湾区城市群空间结构研究：从单中心到多中心》，《岭南学刊》2017 年第 5 期，第 80 页。

竞争和提升开放水平，缔造全新的增长点。而从对内合作来看，香港、澳门服务业如何在“服务贸易自由化”的制度框架下，真正消解内地投资的各种障碍以成功落地于内地，也需要进一步发挥“一国两制”的制度优势，努力寻求其新时期的制度创新点。这也是应对全球范围内降成本、降税和降门槛合作被“互联互通”为主的合作所超越的新挑战，实现湾区城市间的无缝连接，是有效避免各类联通渠道的失调、变形和缺失问题的有力保证。

3. 湾区城市群综合治理能力与高速经济发展之间存在“错位”

城市作为人口、资金和设施等要素的高度聚集地，其形成、运行与维护需要科学合理的秩序和规则引领。而在粤港澳大湾区建设世界级城市群，正处于以香港为“单个中心”向广深港“多个中心”的转型期，各市需要卓越的城市综合治理能力来提供保障。遗憾的是，尽管湾区所涉区域尤其是广东的经济总体增长速度近年来均表现强劲，如从2016年第一季度到2017年第四季度广东全省生产总值增速均保持在7.3%以上，高于全国6.9%的增速水平；固定资产投资额的增速达到13.5%，为全国平均值7.2%的近2倍等，[①] 但广州、深圳、香港、澳门、珠海和东莞等城市，均面临着表现各异的城市治理困境。显然，这些城市的治理短板与高速的经济发展之间已经形成了严重“错位”和“落差”。这种经济社会

---

① 《2017年广东宏观经济运行简况》，广东统计信息网2018年1月26日。

发展速度严重不同步的局面，是多中心城市群建设中必须着力解决的重大难题。

总体而言，湾区所涉城市中普遍存在的治理问题和困境主要包括以下四个方面：一是各个城市群众对其所居住城市的归属感薄弱，“城市冷漠症”普遍存在；城市政务公开、行政决策听证、城市居民评议、民意分析和民意反馈机制尚不健全，各城市的社会公共文化建设滞后，市民相互认同的信任感薄弱。二是政府与社会的关系有待调整。全能型政府和包办式的管理模式，造成了一些社会心态失衡和社会暴力犯罪问题。三是各类社会组织如慈善组织、群众性文体组织和各类民间协会等，均因发展动力不足而呈现出“碎片化”成长态势，远未成为灵活机动联系各类市民的有效渠道。四是各类社区治理在推动“单位人”向“社会人”转化的过程中，未能发挥应有的效应。尤其在流动人口众多、人口结构复杂的广州、香港和深圳等城市，社区治理能力的欠缺让诸多城市问题，如街道治安、商贩扰民和环境卫生等长年累月堆积未决。因此，多中心城市群的发展新格局急需多中心的城市治理模式以破解各类发展难题，传统的“单中心”治理模式已经无法支撑湾区世界级城市群建设的复杂需求。只有让城市的自主性力量迅速壮大，并且充分融入到提供各类公共服务、营造和谐城市社会文化、维系城市经济和安全秩序以化解各类突出矛盾等多个领域，才能避免陷入美国学者麦金尼斯所言的“家长式的城市治理困境”。[①]

① 张文礼：《多中心治理：我国城市治理的新模式》，《开发研究》2008 年第 1 期，第 48 页。

（三）粤港澳大湾区建设世界级城市群的战略突破口

1. 创新制度：在“一国两制”框架下寻求城市协同发展的新动力

法国地理学家戈特曼在1961年出版的《大都市带：美国东北部海岸的城市化区域》中提出，城市群的空间组织形式是“人类生活空间组织形式的新秩序”。在他看来，地理空间的风格、地理空间以及资源的异质性导致了流动的趋势，而这种区域各城市之间的资源流动和协作有利于城市群的发展。[①] 显然，如何在制度的推动下实现各种生产要素的异质性流动，是湾区世界级城市群建设的重要一环。在2018年的全国“两会”期间，全国人大代表、广东省科学技术厅厅长王瑞军在接受《中国经济周刊》记者专访时表示，在全面规划中，基础设施怎么连起来，城市功能怎么进一步合理分工和定位，体制怎么顺畅衔接，特别是有利于创新资源的高效配置和创新要素的自由流动，这些都是我们非常期待的。

而通过高效的生产要素流动、成功避免湾区城市之间的无序竞争和重复性合作的一个有效途径，就是对各个城市进

① Jean Gottmann, *Megalopolis: the Unbanized Northeastern Seaboard of the United States*, New York: the Twentieth Century Fund, 1961, pp. 100 – 121.

行明确、合理而科学的分工定位，避免大量内耗和重复建设。湾区城市群建设并非各个城市各行其是地独立发展，甚至陷入恶性竞争，而是结合各自特点和优势，开启“从合到分再走向合”的良性循环。例如，在金融业的发展中，香港早已奠定了国际金融中心的地位，并已成为全球最大的离岸人民币市场。2018 年 1 月在香港举行的“亚洲金融论坛”会议上，香港特区行政长官林郑月娥表示，香港计划 2020 年之前培育 150 家金融创新和技术机构。与香港的国际金融中心角色不同的是，深圳更适合建设成为引领粤港澳城市群建设中的内向型区域金融中心。可以说，湾区各个城市无论是在多个领域，还是在同一领域的不同侧面，都各自具备独特的优势或局限性。弥补局限性与支持优势的扩散式发挥，是推动湾区城市群成为真正的世界级城市群的必经之路。

因此，在“一国两制”下寻求各类制度的大力创新，一方面是破除粤港澳三地合作障碍的重要推力，如广东在基础研究和应用基础研究力量方面还比较欠缺，这就可以通过与香港的互补性合作得以弥合；还比如，众多城市共同面临挑战如大气污染防治，也意味着粤港澳三地在跨区域大气治理体系的建立和过境资金的分配使用上，通过制度创新来着手解决“钱过境、税平衡、人往来”等难题。另一方面，不断实现制度创新，也是解决湾区城市之间，尤其是广东这个湾区腹地的城市和地区之间发展严重不平衡的问题的关键所在。2018 年 4 月 18 日，广东省社会科学院发布《2017 年度广东产业转型升级指数评价研究报告》，公布了测算得出的 21 个地级市的产业转型升级指数。深圳产业转型升级指数得分最高，为 942. 31 分，广州以 729. 99 分位居第二，其他城市排名依次为珠海、惠州、东莞、中山、佛山、江门、肇庆和汕尾。21个地级市中，深圳、广州和珠海3个城市产业转型升级指数的综合得分在700分以上，产业转型升级进入了相对优化的阶段；惠州、东莞等4个城市综合得分在600分到700分之间，改造提升传统动能初见成效，但新动能培育还需要一定的时间；江门、肇庆等6个城市综合得分在400分到600分之间，产业转型升级水平有待进一步提高；阳江、潮州等8个城市的综合得分低于400分，产业层次急需大力升级。这8个城市大多分布于粤东西北地区，面临着巨大的经济提速压力。

2. 优化治理：将建立人民优质生活圈与实现经济高速发展的目标同步推进

要打破传统的“单中心”城市治理模式，打造真正的“多中心”城市治理模式以解决城市的社会和经济发展严重不同步的问题，需要从几个方面着手：

首先，努力提升城市居民素质和培育其参与城市事务的意识。用对话、沟通和双赢的方式推动政府与非政府组织之间的活跃互动，打破政府对城市治理的包办式管理陋习；通过电视报纸等媒体、网络听证、电话访问和信件汇集等方式，最广泛地搜集基层民众对城市治理问题的看法和态度，推动政府和基层市民之间的信息流通机制不断完善等。同时，大力提升市民公共生活素养和意识在解决湾区城市治理问题中显得尤为迫切，是因为广州和香港等城市因常年频繁的外地人口流动而存在老旧社区管理凌乱、边缘社区的公共设施频遭破坏、“城中村”治安困难等顽疾。

其次，灵活调节政府与各类社会组织以及其他社会主体的关系。坚持城市政府继续担任公共事务的组织主体和指挥机构的角色；同时，凸显各类跨国公司和国际组织在湾区城市群国际竞争力培育中的特殊作用；积极发挥非政府组织和各类服务型企业在克服政府管理弊端中的补充性作用。只有让政府、企业和市民实现三边良性互动，才能实现城市治理能力“软件”和城市经济发展“硬件”的同步推进。在湾区成功进行世界级城市群建设的重要衡量标准，就是要真正实现城市与人、城市与自然、人与人、人与自然之间的和谐共生，而高水平的城市综合治理是这种和谐共生的持久保证。成功的世界级城市群建设，需要在技术和只能创新提升的支撑下，既要让产业集聚效应带动城市群的硬实力提升，同时也绝不能忽略城市群社会属性即教育、环保、文化、医疗和养老等方面的优化，真正实现湾区城市群软实力的飞跃。只有这样，建成世界级城市群的目标才真正切实可行，湾区城市群的活力才真正得以持久培育，才能真正具备核心竞争力。

再次，借鉴国内外城市治理的成功经验，为推进湾区建设世界级城市群提供了珍贵素材。纵观当今世界各大知名湾区的成功发展历程不难看出，它们一方面长期着力应对各种经济发展和科技创新的挑战，另一方面也绝不忽略提高城市综合治理水平，高度重视城市群内部各类影响民生的问题的解决，由此以成功实现经济融合发展和民众和谐生活的有机统一。如纽约都市圈的城市综合治理就在这个方面创建了极为优秀的案例。为着力解决纽约湾区发展带来的空间扩张、居民居住条件恶化、政府服务低效等问题，纽约区域规划协会（RPA）得以正式成立，并于1929年发布了世界上第一个大都市规划报告，即《纽约和周边地区的区域规划》（以下简称《规划》)。该《规划》有效解决了城市爆炸式增长的问题，对纽约的城市交通、管理和社区维护带来的积极效应持续了70年之久。[①] 目前，粤港澳大湾区中心城市综合治理水平依然存在效力低下和“重经济轻民生”等短板，纽约的城市管理和规划战略极富有长远性、针对性和有效性，直接为粤港澳大湾区的世界级城市群建设提供了宝贵经验。

3. 融合文化教育：为城市群建设提供人才库和破除城市间交流障碍

现代城市的重要功能是满足人的多样需要，一个成功的城市，必然是能够全面满足人的安全、发展、宗教信仰与精神追求等多重需求的载体。我们已经步入了城市社会的发展时代，文明的多样性对城市的发展具有至关重要的地位。[②] 一方面，多种不同文化和文明的交汇共处，成为城市社会生成、发展和转型的重要动力；另一方面，城市社会又不断地突破传统边界，不断地向更广泛的区域范围乃至全球与其他国家城市社会形成命运共同体，因而也迫切需要多种文明和文化要素的整合与和谐共处。在粤港澳大湾区建设中进行世界级城市群的构建，更是需要在内地城市与港澳之间，立足于既在核心文化概念上同根同源、又因历史原因呈现出不同文化文明态势的基本事实，通过各种途径促进彼此之间的文明对话和文化交融。

---

① 陈婷婷：《美国纽约湾区区域规划的四轮演变》，SYSU 城市化研究院微信公众号2017年5月12日。

② 陈忠：《城市社会：文明多样性与命运共同体》，《中国社会科学》2017年第1期，第3页。

不可否认的是，湾区内重要城市粤港澳虽然在文化起源上属“同根同源”，但在具体的合作中不可避免地受到三地文化习俗、生活价值观、消费观、人才培育观念等“无形力量”的牵绊。目前来看，粤港澳三地的高等教育从办学机制、教学传统和考核体制，都因长期历史积累而存在巨大的理念与实践差异。当今的港澳青年人群之中，普遍存在对内地了解不足的问题；港澳大学生在内地的求学、工作和投资创业等，也因生活模式差异和交流沟通不足而屡屡遭遇不便甚至挫折。加强文化交流和沟通可以通过多种途径推进，如联合推广“一程多站”的旅游组合线路，如联合推出“澳门历史城区—开平碉楼—韶关丹霞山”的世界遗产专线，将广东美食、澳门的博彩业和香港的购物天堂等特色有效结合，形成“一站式”便捷旅游服务模式；[①] 共同创建旅游品牌的营销和推广平台，共同致力于开拓国内外的无障碍湾区旅游区域；加强文化产业合作，积极鼓励各类文化创意的转化和文化人才的培养，尤其加大对青年文化创业者的投资支持和技术扶持力度。

推进湾区内部教育合作和交流可以发挥两个重要功能，即融通文化和充实湾区人才库。2018 年 4 月 9 日至 10 日，中山大学党委书记陈春声强调，培养人才、汇聚人才和输出人才，这是大学的根本任务，中山大学努力构建高层次人才的“大蓄水池”。中山大学每年为国家和广东输出 12000 多名毕业生，超过 80% 的毕业生留在广东工作和生活，为广东的发

---

① 张良卫、李新、黎钰婷：《粤港澳合作建设世界级城市群的发展策略分析》，《广州大学学报（社会科学版）》2013 年第 1 期，第 61 页。

展作出巨大贡献。显然，类似中山大学这样的湾区内重要高等学府，将会承载起建设湾区人才库的重要使命。同时，现代产业结构也需要有工匠精神的高技能人才，而加速发展湾区的民办高校则可能成为输出大量技能型人才的重要基地。[①]努力推动各大城市之间建立先进的实验室和研究中心，鼓励各类孵化器的创建和运营，打造国际一流的粤港澳产学研合作平台等，也是将三地最尖端技术和最优秀科技人才进行有机汇合的有效手段。

（四）粤港澳大湾区的世界级城市群建设让“中国经验”发挥世界效应

经历了近10年的努力，粤港澳大湾区的城市群，尤其是广东珠三角地区的结构调整也开始乍现成效，以高端制造业、高新技术、现代服务业为主体的新产业结构基本形成，由低成本要素投入驱动向创新驱动的转型已经逐渐成为大湾区未来经济发展的动力，各种新模式、新治理和新产业结构正在迸发着蓬勃的生机。从国家区域发展格局方面看，粤港澳大湾区也是新时期“1+3”区域经济发展新格局的重要组成部分，其世界级城市群建设过程的推进也可以成为我国其他城市群和个体城市全面发展的学习模

① 《为产业转型升级提供“源头活水”》，《南方日报》2018年4月17日。

板。如广州已成为国际航运、国际航空和国际科技创新三大战略枢纽，广州对全球高端资源要素的集聚力也明显增强，能够协助推动国家的对外开放至更高水平。在广州“枢纽+”效应凸显下，粤港澳大湾区内越来越多的城市，将加入“广州1小时城市圈”。

粤港澳大湾区城市群在世界经济发展格局中肩负光辉使命，有待成为亚太核心经济增长中心、全球制造业基地和世界重要商贸中心。[①] 2018年4月25日，首届“粤港澳大湾区智库论坛”在香港隆重召开。在回答“如何让一群城市成为城市群?”这个问题时，广东省社会科学院院长王珺提出，“城市群”的形成是粤港澳大湾区发展的核心。而中国（深圳）综合开发研究院常务副院长郭万达则表示，未来的大湾区需要从全球金融中心转型为“金融和科技”中心，同时从单一大城市转型到大都市圈。[②] 这些重要观点无疑为湾区的世界级城市群建设勾画了明确的发展路径。总而言之，在创新、改革和互动的多重动力驱动下，逐步建构一个社会和谐发展、生态可持续发展能力持续增强、人民享有优质生活圈和创新动能日益强劲的世界级城市群，在粤港澳大湾区正在成为一个可期的战略目标。随着我国提出的“一带一路”倡议已获得世界100多个国家和国际组织的积极响应，并被写入联合国有关决议，在“一带一路”倡议的助力下推进粤港澳大湾区的世界级城市群建设，也是推进中国在世界经济发展格局中

---

① 林先扬：《粤港澳大湾区城市群经济外向拓展及其空间支持系统构建》，《岭南学刊》2017年第4期，第26页。

② 周雪婷：《首届“粤港澳大湾区智库论坛”在香港举办》，新华网2018年4月25日。

地位发生历史性转变的现实体现，更是践行我国提出的创新、协调、绿色、开放和共享五大理念，并努力将其实践进程推广至世界的重要载体。在不久的将来，“中国经验”必将依托于粤港澳大湾区的世界级城市群建设而闪耀于更加广阔的世界舞台。

七

建好自由贸易试验区与探索建设自由贸易港

设立自由贸易试验区和探索建设自由贸易港均是中国形成全面开放新格局的主要形式和重要载体，是中国全方位融入世界的重要战略部署。党的十九大报告中提出，要推动形成全面开放新格局，“中国开放的大门不会关闭，只会越开越大”①。其中特别提到要“赋予自由贸易试验区更大改革自主权，探索建设自由贸易港。创新对外投资方式，促进国际产能合作，形成面向全球的贸易、投融资、生产、服务网络，加快培育国际经济合作和竞争新优势”②。未来自贸试验区功能定位将进一步强化，而广东自由贸易试验区将再次成为中国全面对外开放新战略的创新试验田和主力军。

（一）设立自由贸易区是扩大对外开放的重要形式

国际上自由贸易区有两种解释：一是指由签订了自由贸易协定的不同主权国家之间建立的互相降低关税或互免关税的自由贸易区；二是指一个主权国家在其本土内划定的置于海关辖区之外、以贸易为主要内容的特殊关税区域。后者更多地被称为“自由贸易园区”（以下简称“自贸园区”），它是主权国家国内的贸易自由化，允许外国货物自由进出，实

① 《决胜全面建成小康社会　夺取新时代中国特色社会主义伟大胜利》，人民出版社 2017 年版，第 34 页。

② 《决胜全面建成小康社会　夺取新时代中国特色社会主义伟大胜利》，人民出版社 2017 年版，第 35 页。

行优惠外汇、税收和特殊监管政策。自贸园区已成为各国或地区吸引跨国企业投资、加强国际贸易往来、便利国际物流运作和吸引高端人才等的一个重要平台，作为发展对外经济而普遍采用的形式之一。近年来我国先后设立的若干自由贸易试验区均属于自由贸易园区。设立自贸园区是我国进一步扩大对外开放的必然要求。

1. 全球自由贸易园区发展趋势

随着经济全球化和区域一体化的不断发展，全球自贸园区建设方兴未艾，且开放在不断深化，功能在不断扩展，服务在不断完善，产业在不断优化，制度在不断创新。

（1）向多功能综合型枢纽型方向发展。

作为全球供应链的重要节点，近年来，全球范围内自贸园区陆续进行转型升级，逐步向多功能、综合型、枢纽型方向发展。多数成熟自贸园区都具有进出口贸易、转口贸易、服务贸易、离岸贸易和航运服务、离岸服务、金融服务与仓储、加工、拆装、展示、销售等功能。但依据不同区位和自身优势在功能上各有侧重。

欧美国家的自贸园区多设立早、较成熟、功能多。德国汉堡、荷兰鹿特丹、比利时安特卫普、爱尔兰香农等西欧沿海主要港口城市和重要空港，利用其优越的航运和地理条件，建立起四通八达的运输网络，将港区打造成为自由港，建立起兼具传统物流集散和高效综合服务的枢纽转口型自贸园区。美国是全球设立自贸园区（称对外贸易区）最多的国家，主要以进出口贸易为主，兼顾加工制造与装配、销售和展览等功能。

亚洲、拉美地区基本都形成综合型自贸园区，且其中一些园区还成为离岸金融中心，实现了金融业务的自由化。如新加坡、迪拜等已发展成为国际自由港、国际航运枢纽及国际离岸金融中心。新兴市场国家和发展中国家自贸园区则以区位、服务和产业集群优势来突出其功能。大多已从传统的加工制造向服务贸易领域扩展。如印度、韩国等国的自贸园区已发展成为承接服务外包的服务型自贸园区。一些自贸园区已实现全面调整和升级，如新加坡的裕廊工业园和中国台湾的新竹科技园区等都实现了技术升级。[①] 成熟化、功能完善化和开放自由化正成为国际自贸园区进一步发展的新内涵。

（2）“负面清单” + “准入前国民待遇”开放形式将是趋势。

“负面清单”是一种俗称，正式法律术语为“不符措施清单”（Non-Conformity Measures），是一个国家禁止外资进入或限定外资比例的行业清单。通常出现在国际双边投资保护协定（BIT）以及自由贸易协定（FTA）的附件中，是一种国际通行的涉外投资管理办法，已逐步融入自贸园区的开放形式中，被越来越多的自贸园区所采用。“负面清单”通常与“准入前国民待遇”相提并论，体现的是政府放权，目的是方便外资的进入。在国际投资法中，国民待遇含义是给予外国投资者及投资的待遇不低于在相似情形下给予本国投资者及投资的待遇。“准入前国民待遇”就是将传统的国民待遇延伸至

---

① 张晓静：《深圳多功能自由贸易区的模式选择与制度设计》，《对外经济贸易大学学报》2008 年第 2 期。

投资发生和建立前的阶段。[①]

如鹿特丹保税港，除少数不准国内私人投资参与的国有和非政府垄断行业，以及金融、投资服务业和少数其他领域受欧盟互惠条款约束外，外国公司可自由投资。又如新加坡，完全开放商业、外贸、租赁、直销广告、电信市场，除新闻业、广播业、公共事业外的其他行业无外资出资比例限制，[②]在国民待遇方面服务业可与制造业同等享有新兴产业的各种优惠待遇，并规定对服务贸易出口收益只征收10%所得税。迪拜自贸园区内企业完全享有国民待遇甚至超国民待遇，企业可拥有100%所有权；没有外汇管制，利润和资本可自由调拨回国；实行特有劳工政策，企业雇佣外国员工没有限制，简化工作签证申请程序且不需要履行中东地区法律规定的担保人制度。[③]

（3）高科技、信息化、绿色化成为发展方向。

国际上发展比较成熟的自贸园区均配合高科技和信息化推动高水平园区建设，并逐步向科技型转化。欧美发达国家自贸园区已基本成为科技型。如香农自贸园区通过高新技术应用的集合促进，带动信息通信技术成为其重点产业之一。新加坡等新兴工业化国家自贸园区也已向高科技综合型迈进。随着环境问题的日益突出，绿色发展已成为国际共识，越来越多的自贸园区引入了绿色发展的理念。如迪拜机场自贸园

---

① 丘杉、黄霓：《全球自由贸易园区发展趋势与中国经济开放水平的提升》，《澳门理工学报》2015年第2期。

② 《自贸区“国际水准”全对标》，《国际金融报》2013年9月30日。

③ 周迎洁、刘小军、过晓颖：《中国自贸区服务业开放制度创新研究——基于迪拜、新加坡经验的启示》，《当代经济》2016年第1期。

区的设施建设已获得国际能源管理体系的标准认证。

（4）旅游等高增值服务业迅速发展。

国际成熟高水平自贸园区都大力发展旅游业，结合当地旅游资源特色，吸引大量游客，为园区带来大量外汇收入和货品流通量。如智利的伊基克自贸园区，每年均有超过500万名游客和贸易商，[①] 推动整个地区经济快速增长。迪拜所打造的中东“旅游中心”，令与旅游相关的产业得到了长足的发展。巴西玛瑙斯自贸园区准许外国游客任意购买免税商品并带出关境外。

此外，对内外产业联动和结构升级、扩大保税范围、新型金融、信息和生活消费等服务业态的创新和开发，也正在成为新兴自贸园区建设的新亮点。

2. 国际成熟高水平自由贸易园区的标志

国际成熟高水平自贸园区一般都建立在港口或机场附近，或本身就是自由港或逐步演化为自由港，空、港、区相互依托，利用便捷交通运输网络打造成物流、人流、信息流枢纽，以此吸引大量国内外企业和客商前来投资与贸易甚至从事离岸业务。同时园区均实行投资贸易高度自由化便利化、金融服务高度开放以及外汇管制高度放松。一般凡合乎国际惯例的货物均可自由进出园区，不存在关税和非关税壁垒。园区不仅有完善的设施和高效的服务，更提供极优惠的税收和实行金融自由化。

---

① 闫然：《全球先进自由贸易区的功能定位、监管模式与政策创新——以迪拜、新加坡、伊基克为例》，《上海商学院学报》2014年第4期。

（1）自由贸易港。

自由贸易港（以下简称“自由港”），是当今世界最高水平的开放形态，也是国际自贸园区发展的最高形态。自由港有两大突出特点：一是实行绝大部分商品零关税政策，以高增值服务提供进出口贸易、转口贸易、服务贸易与仓储、改装、加工和制造、展示及金融、保险、商贸、代理、货运等活动；二是金融自由化程度极高，外汇自由流动，货币自由兑换，通过放松管制，加快货物进出、人员往来、资金流动、信息传递，有效促进离岸贸易和金融业务的开展。

自由港有两种模式：一种是整体型自由港模式，如香港、新加坡等离岸自由港；另一种是自由贸易港区模式（海空港＋自贸园区），如汉堡港、迪拜港、阿姆斯特丹港、釜山港等。自由港一般拥有特殊地理区位优势和高度开放水平，兼具传统物流集散和现代综合高效服务功能。由于贸易自由，能吸引大量集装箱前去中转，便于打造成国际物流航运中心；也由于金融市场化程度高，便于打造成国际金融中心。典型代表是新加坡和中国香港，这两个城市在世界集装箱港口中转量上分别排名第一、第二位，是国际航运中心，也是国际金融中心。

（2）国际门户中心枢纽。

国际成熟高水平自贸园区均是国际门户中心枢纽。如国际上规模最大最成熟的爱尔兰香农国际航空港自贸区，其国际机场是连接美国、欧洲及中东的重要交通中转站，使其得以依托欧美等国际市场迅速发展；鹿特丹由于具有连接欧、美、亚、非、澳五大洲的重要区位而享有“欧洲门户”之称；迪拜地处亚、欧、非三大洲交汇点而成为波斯湾地区著名的国际商业中心。

迪拜机场自由区依托机场建立物流仓储枢纽，成为覆盖面广泛、管理高效的航空货运服务网络；迪拜政府对外打造“4 小时、8 小时经济圈”的航空线，对内打造连接港口、机场、自贸园区的“绿色物流通道”，有效将迪拜和世界主要中心城市紧密连接。新加坡自由港已发展成为国际航运、航空和贸易中心、工业和技术服务中心、投资和金融中心、国际旅游和会议中心。已有 7000 多家国际跨国公司在新加坡设立地区总部，新加坡自由港同时也成为吸引世界各地游客和企业在新加坡安居乐业的重要门户。[①]

（3）离岸市场中心。

国际成熟高水平自贸园区大都设立离岸管辖区，主要发展离岸贸易和离岸金融等业务。像新加坡、中国香港、迪拜等离岸自由港，主要从事国际贸易、转口贸易、出口加工和物流。其共同之处就是对进口商品无论在当地消费还是转口输出，原则上不征收关税。迪拜以零关税闻名全球，成功地吸引了大量外资投入，成为国际重要的商品货物交易中心。新加坡进口货物仅对酒类征税，零关税达到 99.9%，在市场准入上完全无禁区。[②]

建设离岸金融市场，必须具备的基本条件是：放宽金融管制和外汇管制；宽厚的税收政策和优惠减免税措施；健全的金融法律制度、完善的金融基础设施、跨国金融机构和金

---

① 叶旺兴：《航空枢纽与经济发展之新加坡的经验》，民航资源网 2012 年 5 月 23 日。

② 周迎洁、刘小军、过晓颖：《中国自贸区服务业开放制度创新研究——基于迪拜、新加坡经验的启示》，《当代经济》2016 年第 1 期。

融人才的聚集。为发展离岸市场，新加坡政府在1972年就宣布放宽对银行的外汇交易管制，新加坡也逐渐发展成为全球离岸金融中心。低税收政策也是发展全球离岸业务，促进金融创新的重要举措。就离岸业务所得利润缴税方面，新加坡企业所得税为17%，而在中国香港只需缴纳16.5%。新加坡和中国香港还可以免税或者享受低税率优惠。[①]

（4）设施完善税收优惠服务高效。

国际成熟高水平自贸园区除拥有优越的地理位置和发达交通运输网络外，还必须拥有现代化信息技术和通信网络、快捷通关系统、完善的办公场所与生产厂房等设施，健全高效的配套服务和高素质从业队伍，雄厚的科技支持和充足的人力资源，优惠的税收政策和特殊减免税措施，才能吸引大量外资和跨国公司及总部进驻，才能带动优势产业集聚。

如鹿特丹港和香农港自贸园区均打造具有弹性的保税仓储、运输与加工电子管理系统，企业只需提供一次信息，海关等相关当局就可实现信息共享，协作办理相关手续。而荷兰阿姆斯特丹史基浦机场经营团队从基于“城市”而不是“机场”的概念，创造出一个包括从事办公联络、商务洽谈、仓储运输甚至休闲娱乐的场所，使前往园区工作的商务人士便捷感得到大幅提升，成为吸引国际企业选择其作为转口港的重要因素。[②]

---

① 陈俞飞：《国外自由贸易园区发展经验及启示》，《对外经贸实务》2016年第6期。

② 沈家文、刘中伟：《自由贸易园区的国际经验与启示》，《全球化》2014年第5期。

按国际经验，自贸园区在开放服务业的税收制度上都予以一定程度的减免。一般来说，对于允许自由进出自贸港区的外国商品均不必办理报关手续，免征关税。但如果港区内的外国商品转运入所在国的国内市场销售，则必须办理报关手续，缴纳进口税。如科隆自由贸易港规定，进口至和存储在科隆港或由此出口至其他国家的货品免税、免费而且免付其他任何形式的费用，对用于生产的机器、原材料、设备免进口税。纽约港第 49 号对外贸易区则对进口的原材料不征收关税，产品如进入美国可按综合税率征收关税，区内企业增值税率仅为 3%（区外企业增值税率为 6.5%）。[①]

各大国际枢纽型航港区均以提高增值服务和优质服务来降低中转成本，如为便利过往游客在此免税低价消费各国品牌。像迪拜机场还可以享有落地签证服务和风格多样的美食。汉堡自由港在欧洲统一市场建立之前，曾经有 5700 余家物流公司为其提供整套的增值服务：从运输、储藏、加工、质量控制、包装、试运行、配送、货运管理到运输保险、海关放行、结账开票等，在世界范围内组成一个完整的供应链。[②] 新加坡也云集了全球诸多物流企业，为自贸园区或物流园区提供集中的物流服务。数据显示，新加坡自贸园区内货物的卸货时间为 4 ~ 6 小时，大型快递公司比如 UPS、FedEx 等，货物从卸货到运出园区只需要大约 1 小时。[③]

---

① 赵学森：《以创新推动保税区转型发展——赴国外自由贸易区考察的启示与思考》，《保税区企业之友》2006 年 10 月 19 日。

② 胡大龙：《德国汉堡自由贸易区》，《国际市场》2013 年第 3 期。

③ 高娟、吕长虹、周文平等：《新加坡自由贸易园区运营的经验及启示》，《世界海运》2014 年第 3 期。

（5）有效的监管和科学的管理。

国际成熟高水平自贸园区普遍通过统筹经营、放松管制等有效监管和科学的管理来实现快速的货物进出、人员往来、资金流动和信息传递。无论是迪拜的政企合一还是新加坡的公司化运营，统筹运营已成为高水平自贸园区管理的必由之路。阿联酋对港口、自贸区、海关采取三位一体的管理模式，并通过港务局的企业化运营为客户提供“一站式”服务。新加坡的监管模式是通过信息化“一站式”电子通关系统，在10分钟内完成整套流程。其贸易网业务范围涵盖海关、税务等35个政府部门，进出口贸易相关的所有手续都可以通过贸易网完成。据新加坡商务部外贸发展局公布，截至2015年底，新加坡全部贸易中有95%的通关手续通过此系统完成。[①]

提供高度自由和便捷的管理措施是国际自贸园区的一个普遍规律。海关是监管的主体，且以不影响贸易和物流的便利为原则，建立的是一种极为自由灵活的监管机制。主要通过实行通道封闭管理、建立保税仓库或货物重点抽查或利用现代化信息技术监管等高效管理形式，最终达到通关便捷化。

（6）完善的法制保障。

国际自贸园区的设立国都用法律的形式保障所制定的各项政策的稳定性和投资者的合法权益，通常均具有完善的法律制度体系。按国际经验，自贸园区的设立必须制定专门法律，明确规定园区的性质、功能、地位及监管制度、管理体制及优惠政策等，尤其是金融活动必须有法律法规的保障。

---

① 陈俞飞：《国外自由贸易园区发展经验及启示》，《对外经贸实务》2016年第6期。

成熟高水平自贸园区之所以有很强的吸引力，不是由于其能提供多少优惠政策，而是由于它具有包括完善法律体系在内的良好的投资环境。一般除国家立法外，所在地方政府还制定了相应的管理条例，以规范各种活动，使管理者、投资者及经营者都有法可依，有章可循。发达国家大多先立法后设区；新兴市场国家和发展中国家立法和设区顺序则不完全相同，但目的是一致的。

自贸园区还可成为法律特区。如迪拜国际金融中心（DIFC）就是一个独立于该国其他地区的法律特区，具有独立的管辖权，有其独立适用的民商经济法律体系且完全与世界接轨。DIFC 法院实行独立普通法系司法体制，以其私密、透明、高效、公平、专业、快捷、可靠等优点以及程序便捷，行业专家审案，执行方便的优势而为全球投资者所青睐。对 DIFC 法院的裁决，阿联酋国内各酋长国法院有义务执行，也可在阿联酋域外执行。还可以执行其他法院的判决、裁定。这表明不同地域的法律制度之间也是可以相互配合的。[①]

（二）把广东自贸试验区建设成为高水平对外开放的门户枢纽

广东省委第十二次党代会报告提出，要把广东自贸试验

① 王超、姜川：《迪拜：用司法助力建设国际金融中心》，《检察风云》2016 年第 6 期。

区建设成为国际航运中心、贸易中心、金融中心，以提升国际航运服务能力、强化国际贸易的功能集成和形成强有力的金融服务支撑，打造高水平对外开放门户枢纽。

1. 主要目标和任务

所谓对外开放的门户枢纽，不仅对国内要有集聚和辐射的能力，同时要能成为集聚全球资源要素包括人才、资本、技术、信息、产品、服务等的中心功能区。因此，广东自贸试验区应该是全国性的集聚和辐射中心，是国家主要对外开放枢纽，不仅应具备组织本国与外国商品流、资金流、信息流、人才流、技术流的国际互转枢纽功能，而且是全球性跨国公司和总部集聚地和国际宜居之地。

高水平对外开放就是要主动对标国际成熟的自贸园区和国际典型的对外开放门户枢纽城市，建立相对的标准和标杆指标体系，主要体现在营商环境、贸易自由化、资本流动性、金融财税创新等，查找短板弱项，发挥优势强项。

（1）国际航运中心。

建设国际航运中心是广东自贸试验区打造高水平对外开放门户枢纽的核心任务。高水平国际航运中心主要看航运发展规模、航运服务水平和航运物流网络三个指标。

当前国际航运中心的功能正在从第一代航运中转型向第二代加工增值型，再向第三代综合资源配置型演变。如鹿特丹、新加坡、中国香港等正在向第三代国际航运中心转型，已经发展成为有形商品、资本、信息和技术集散于一体的世界再生产活动的综合资源配置中心。

目前，广东自贸试验区航运服务业增加值比重和航运服务业占国际市场的份额均比较低，说明航运服务产业附加值比较低，以航运高端服务为主导的航运现代服务链尚未形成，影响了国际航运中心的综合资源配置功能的培育和完善。因此，未来的重要任务应是发展航运服务业，形成航运交易、船舶经纪、航运咨询、海事培训与研发等航运服务产业链。争取国际航运规则制定的话语权。

航运物流网络建设是国际航运中心的重要支撑。只有具备畅通快捷的集疏运系统，才能保障航运中心功能的有效发挥。鹿特丹、迪拜、新加坡等国际航运中心无不具有一流的集疏运体系。广东自贸试验区在这方面还有一定的差距。南沙港作为华南地区第一内贸大港，要建成连接内地与海外的国际物流枢纽，就需要贯通海运与内陆交通网络，为内地企业参与“一带一路”建设和国际贸易提供航运服务。

（2）国际贸易中心。

国际贸易中心是构建高水平对外开放门户枢纽的重要组成部分。得益于贸易投资自由化便利化制度规则体系的不断完善，以及国际市场开放度的提升，国际贸易中心正面临新的转型，最显著的特征就是服务贸易和离岸贸易的加快发展，并呈现总部高度集聚的特征。

服务贸易具有高创新度、高互动性和高附加值的知识型密集型特征，越来越成为支撑国际贸易中心建设的核心动力。国际成熟高水平的自贸园区或自由港的服务贸易发展增速超过货物贸易，且比重逐步上升。相对而言，广东自贸试验区服务贸易呈现出增速快、比重小的特点，离形成规模化的离岸贸易条件还有一定距离，再加上海关、税务和外汇监管约束较强，作为港澳离岸贸易中心的定位尚不够清晰。因此，未来要建成国际贸易中心需要深入推进粤港澳服务贸易自由化，扩大服务贸易比重，同时还需要一定规模的跨国企业集聚和营造便利化国际化的营商环境。

（3）国际金融中心。

国际金融中心是广东自贸试验区打造高水平对外开放门户枢纽的重要支撑。自贸区应该是银行、保险和其他金融机构高度集聚地，是保障企业金融活动与交易高效率运行的资金流和信息流汇集地，并具备强大的金融资源配置能力。

金融市场培育涉及市场主体培育、产品创新、市场制度安排、专业人才和基础设施等多方面的建设，其中金融制度最为关键。要实行宽松、自由、开放的外汇管理制度和金融制度安排，包括宽松的外汇管制和资金进出自由。广东自贸试验区在金融市场培育方面还有较大的差距，表现在市场主体较少、金融产品种类不多、专业人才缺乏、基础设施不够完善，特别是在外汇管理制度和新型金融市场平台培育方面亟需加强创新。

离岸金融市场是确定国际金融中心地位的核心要素。未来，广东自贸试验区需要在国际化上加以着力，尤其要在发展更具国际支配力的金融机构和金融市场的国际辐射力方面有所作为。

（4）国际化宜居新城。

国际化宜居新城建设是广东自贸试验区打造高水平对外开放门户枢纽的重要载体。国际经验表明，新城建设正逐渐成为国际大都市扩散进程中新的集聚中心和边缘经济增长极，并在城市空间重构中成为新的发展核心。因此，未来要把南沙自贸片区建设成为广州城市副中心，把前海蛇口片区和横琴片区建设成为城市新中心，就是要建成承载自贸试验区门户枢纽功能和提供开放经济核心动力的国际化宜居新城。

2. 发展路径和策略

广东是国家对外开放引擎，要把广东自贸试验区建成高水平对外开放的门户枢纽，其重要使命就是拓展发展空间，赢得新的发展机遇。包括创新全面开放新体制新机制，深化与港澳自由港合作，引领“一带一路”建设和主动融入粤港澳大湾区建设，服务于国家战略大局。

（1）增创对外开放新优势探索服务国家全面开放新体制。

以体制机制创新为核心，营造市场化、法治化、国际化营商环境，构建法治环境规范、投资贸易便利、跨境融资便捷、管理能力高效、统筹运营井然的自贸园区。探索建立符合国际规则的质量、安全、环境、技术、劳工等标准，形成对高标准国际规则的适应能力，为构建开放型经济新体制提供更强大支撑。

探索粤港澳体制合作和体制创新。包括落实服务贸易自由化的“负面清单”和“准入前国民待遇”；推进与港澳商事仲裁和商事调解机制的对接；通过设立营商服务专职机构，与企业、商会、行业协会建立沟通互动机制；探索不同法系下处理法律事务的“ 站式”服务。推进粤港澳服务贸易自由化，重点要在金融服务、贸易服务、交通航运服务、专业服务、科技服务等领域取得突破。鼓励引进港澳创新人才和创新资源，建设粤港澳人才合作示范区。

借鉴新加坡自由港区信息化“一站式”电子通关系统管理模式，提升园区统筹运营能力，以提高监管效率，降低运营成本。

金融改革需要法律先行。学习和借鉴迪拜自由港及自贸园区有关国际投资、商贸、金融案件审判等做法和程序。设立法治特区，试验离岸司法。在保持自身司法主权的同时，通过法治特区与国际司法接轨。

（2）以“一带一路”建设为重点探索构建全方位多层次开放合作新格局。

加强广东自贸试验区与“一带一路”沿线国家和地区的经贸交流与产业合作。在巩固东南亚传统市场的基础上，积极开拓印度、中东、巴西等国家和地区市场，挖掘与非洲、东欧、拉美等新兴市场经济体的合作潜能，加强在海洋、能源、农业、旅游、基础设施等领域的合作。提升与欧美发达国家合作水平，重点加强与欧盟在高端装备制造、新能源汽车、生物医药、节能环保、工业设计等领域的合作；推动与美国在高端制造、电子信息、金融服务、科技服务、电子商务等现代服务业和战略性新兴产业领域的合作。在巩固运输、建筑等传统服务贸易的基础上，构建创新驱动型外贸增长方式，发展外贸综合服务平台、旅游购物出口等外贸新业态。与沿线重要城市港口建立空港联盟。与沿线国家和地区设立多种形式的产业园区和制造基地。

（3）在推进粤港澳大湾区建设中增强广东自贸试验区参与国家战略的能力和水平。

打造国际一流湾区和世界级城市群，需要发挥广东自贸试验区探索引领作用，创新合作机制，形成“一国两制”独特优势，增强集聚辐射作用。通过强化南沙作为广州城市副中心、前海蛇口和横琴作为城市新中心的门户枢纽功能，引领和激发大珠三角城市群的整体实力。尤其要发挥自贸试验区在金融、物流、贸易、会展、信息和高端制造业等方面的集聚、辐射和带动作用，成为人才汇聚和自主创新的高地以及宜居宜业的福地。吸引跨国公司前来设立地区总部和研发、物流、销售、财务中心，为粤港澳大湾区建设注入新的动力和活力。

（4）明确三片区功能定位实现优势互补。

依据自身基础和优势，南沙片区要建成国际航运和贸易中心枢纽、开放金融枢纽、“引进来”和“走出去”门户枢纽、粤港澳深度合作枢纽和国际交往门户枢纽；前海蛇口片区要建成深港合作对外开放的门户枢纽、中资企业“走出去”的门户枢纽、“一带一路”陆海统筹的门户枢纽、国际产能合作和资源要素优进优出的门户枢纽；横琴片区要建成城市门户、高端产业门户、制度创新门户、“一带一路”交流门户以及全球范围内具有较强影响力的国际贸易枢纽、创新枢纽、国际旅游枢纽和跨境交通枢纽。

三大自贸片区还需要错位发展实现优势互补。前海蛇口片区重点建设我国金融业对外开放试验示范窗口、世界服务贸易重要基地和国际性枢纽港；南沙片区重点建设以生产性服务业为主导的现代产业新高地和具有世界先进水平的综合服务枢纽；横琴片区重点建设文化教育开放先导区和国际商务服务休闲旅游基地。

（5）粤港澳自由港区联动打造高水平国际门户枢纽。

借鉴迪拜经验，采用“物流走廊”形式，连接南沙、前海蛇口、横琴三大自贸片区及区内海空港区。在中间打造一条保税“绿色物流通道”，连接各片区、港口、机场、铁路、快速干道以及物流城等，保证货物运输的无缝连接，实现海陆空一体协同联动发展。同时探索打通与港澳自由港的通道，进行离岸操作，实现粤港澳自由港区联动发展，充分利用三地交通运输网络优势，多轮驱动，相互助力，共同打造高水平国际门户枢纽。

（三）探索自由贸易港打造广东自贸试验区升级版

自由贸易港是指设在一国（地区）境内关外，允许境外货物、资金、人员自由进出，绝大多数商品免征关税的海空港和海湾地区等特定区域设定的封闭地带，是目前全球开放水平最高的特殊经济功能区。加快探索建设广东自由贸易港，为在推动我国形成全面对外开放新格局中发挥引领和示范作用。

1. 探索建设自由贸易港是顺应全球化新趋势需要

探索自由贸易港，不仅是顺应全球自贸园区逐步向功能化、综合化、枢纽化、自由化方向发展的需要，也是适应全球化“互联互通”新趋势的需要。当今世界，决定一个国家重要性的根本因素是其“互联互通”程度，即在地理互联、经济互联、数字互联层面上是否能深度参与全球资源、资本、数据、人才和其他有价值的资产流。换言之，“互联互通”的重要性超过经济规模。世界经济论坛和贝恩咨询共同展开的一项研究表明，供应链的顺畅衔接将可能令全球 GDP 增长 5%，而落实现存所有世贸协议仅能让 GDP 增长 1%。[①]“互联互通”全球化框架下，自由贸易港因为能汇聚货物流、资金流、人才流和信息流而成为网络枢纽节点，因此可以掌控大范围国际资源，引领全球化。

2. 探索建设自由贸易港已列入国家全面对外开放新议程

探索建立自由贸易港已成为我国改革开放的新聚焦。2018 年 4 月 13 日，习近平总书记在庆祝海南建省办经济特区 30 周年大会上宣布，党中央决定支持海南全岛建设自由贸易试验区，支持海南逐步探索、稳步推进中国特色自由贸易港建设，分步骤、分阶段建立自由贸易港政策和制度体系。

早在 2017 年 3 月，国务院印发的《全面深化中国（上海）自由贸易试验区改革开放方案》就明确提出，在洋山保税港区和上海浦东机场综合保税区等海关特殊监管区域内设立自由贸易港区。

此外，国内还有多个城市提出了自由贸易港设想，例如，厦门提出探索打造自贸区升级版，争取建设自由贸易港；浙江表示要率先探索建设舟山自由贸易港；天津提出要探索建设自由贸易港区；陕西也提出西安国际港务区将建万亿集群，打造中国内陆自由贸易港等。

3. 探索建设广东自由贸易港打造全面开放新高地

作为承担着成为“开放型经济新体制的支撑”嘱托的广

---

① 粤港澳大湾区研究院：《创新合作方式　促进共同繁荣》，《21 世纪经济报道》2017 年 6 月 29 日。

东，更要尽早起步，积极探索。广东具有探索建立自由贸易港的良好条件：一是南沙、横琴和前海蛇口三大自贸片区在制度创新方面已有许多成果，最重要的金融创新，已向国际化、自由化靠近，为自由贸易港探索提供了制度创新实验的基础。二是拥有全球顶级港口和世界航运网络链接。得益于优越地理位置、雄厚工业基础和兴旺的对外贸易，广东目前已具有两个位列世界前十位的港口深圳港和广州港。三是粤港澳大湾区建设快速推进，为未来广东自由贸易港和港澳自由港连片提供了想象空间。如果在广东设立自由贸易港，将直接与香港和澳门对接，有助于建设开放度最高规模最大的世界级港口群和城市群。

要建设广东自由贸易港，需要从以下几方面着手。一要不断进行制度创新，减少体制障碍。尤其要通过推动现有自贸试验区的改革深化，对金融领域继续松绑，建设更为适应国际化要求的外汇管理制度，不断创新金融服务功能，为自由贸易港的完全金融自由化提供坚实基础。二要推进港区联动，加快要素汇聚。要促进三大自贸片区和港口的连线，尤其是南沙与广州港、前海蛇口与盐田港、横琴与珠海港要加快对接，为设立自由贸易港提供联动式物流网络。三要借鉴香港建设自由港专项经验，如金融管理架构和国际管理制度。广东自由贸易港的探索需要朝着与香港功能互补和无缝对接的方向发展。

八

创新对外投资方式

党的十九大报告提出，推动形成全面开放新格局，要以“一带一路”建设为重点，坚持引进来和走出去并重，遵循共商共建共享原则，加强创新能力开放合作，形成陆海内外联动、东西双向互济的开放格局。① 2018年4月，国家主席习近平在博鳌亚洲论坛开幕式上发表主旨演讲时强调，“中国开放的大门不会关闭，只会越开越大”，这为企业大步“走出去”增添了更多的信心。

广东是中国的经济大省，是改革开放的先行者和排头兵。建设现代化经济体系是中国发展的战略目标，广东应该在建设现代化经济体系方面发挥独特的作用，在构建现代产业体系和经济体制改革方面继续走在全国前列。同时，广东也是外经贸大省，外向经济依存度高，应该在推动中国形成全面开放新格局中发挥支撑作用。广东的外经贸工作应该以“一带一路”建设为重点，培育对外投资和经济合作新业态新模式，坚持引进来和走出去并重，创新对外投资方式，优化区域开放布局。

表8－1　2016年末对外直接投资存量前十位的省市区（单位：亿美元）

序号	省、市、区名称	存量
1	广东省	1250.4（深圳：852.6）
2	上海市	840.5
3	北京市	543.8
4	山东省	411.9
5	江苏省	349.5

① 《决胜全面建成小康社会　夺取新时代中国特色社会主义伟大胜利》，人民出版社2017年版，第34—35页。

（续表）

序号	省、市、区名称	存量
6	浙江省	326.8
7	天津市	262.3
8	辽宁省	132.2
9	福建省	111.3
10	湖南省	101.7
	合计（占地方存量82.6%）	4330.4

（一）广东企业“走出去”的优势

1. 毗邻港澳，是“一带一路”倡议的重要节点

毗邻港澳，华侨众多，是广东的优势。广东位于中国大陆南端沿海区域，拥有全国最长的海岸线，与香港、澳门接壤，与东南亚国家隔海相望，是“一带一路”倡议建设的重要组成部分。广东拥有5个亿吨大港，是连接广东与海上丝绸之路沿线国家的海上门户，2017年世界排名前十的集装箱港，有两个是广东的，分别是深圳港（2017年集装箱吐量2525万TEU）和广州港（2017年集装箱吐量2010万TEU）。近年来，广东与“一带一路”沿线国家之间的经贸合作日益密切。2017年，广东货物贸易进出口总额占全国的1/4，其中与“一带一路”沿线国家和地区的进出口占比就达20%以上，广东“走出去”企业45%的投资在“一带一路”沿线国家和地区，

企业“走出去”足迹遍布全球130多个国家和地区。目前，东盟十国是广东第三大经贸伙伴、第三大投资来源地和第二大投资市场。

2. 产业集聚日臻成熟，外溢效应逐渐凸显

广东是领先全国的经济大省，目前已形成了电子信息、电器机械、汽车、石化、轻纺等为主体，各具特色、优势明显的产业发展格局。而沿线各国尤其是东南亚国家经济发展程度不一，产业跨度很大，与广东具有很强的互补性，为广东产业转型升级提供了广阔的市场和空间。其中既有华为技术有限公司、广东欧珀电子工业有限公司、美的集团有限公司、珠海格力电器股份有限公司、广州汽车集团有限公司、玖龙纸业（控股）有限公司等一批国内500强企业以及多家知名的中外合资公司，加上广东省政府近年来一直积极推进混合所有制经济改革，大量在第二、第三产业具有经营特色的多种所有制企业纷纷涌现，广东企业已经具备“抱团出海”的现实条件。

3. 政府助力企业“走出去”，企业积极响应

广东是深化改革开放的先行地，在改革开放40年的外向型经济战略带动下，开辟了广东经济产业融入国际市场、参与国际分工、分享贸易红利的道路。随着我国综合国力和人均GDP的攀升，中国已经迎来“走出去”的经济发展周期，政府积极推动贸易、服务、投资全方位“走出去”，鼓励企业实施“走出去”战略，在全球范围内实现优化配置资源，以促进广东经济发展和产业转型升级。随着经济全球化和区域经济一体化程度加深，企业全球化发展意识加强，主动走出国门配置资源和拓展市场。“十二五”以来，广东对外投资合作明显提速，规模快速扩大，企业“走出去”意愿强烈。随着国内市场的国际化，企业认识到境外投资设厂可提高经济效益，增强抵御风险的能力，实现资本收益最大化目标。同时，“走出去”还有利于企业促进自身结构优化，快速做大做强，增强企业、产品国际竞争力，使企业实现低成本扩张规模，获取更大的市场份额，在竞争和收益的交织中，收益远大于竞争，“走出去”成为企业必然选择。

（二）广东企业“走出去”的步伐

“十二五”以来，广东对外投资合作明显提速，规模快速扩大。其间广东企业累计实现对外直接投资351.1亿美元，占改革开放以来广东对外投资存量的58.4%，年均增长46.1%。截至2015年底，广东共设立境外企业6492家，遍及全球129个国家（地区）。在“十三五”规划纲要中更提出了，2016—2020年期间，广东对外投资年均增长20%，对外承包工程年均增长15%，年销售收入超200亿美元的本土跨国公司达到10个的目标。

2016年是“十三五”开局的第一年，广东对外投资合作保持快速发展，总体规模进一步扩大，市场布局、行业结构更加优化，推进“一带一路”建设和国际产能合作成效明显。2016年，广东经核准和备案在全球103个国家（地区）新设境外企业（机构）1429 家，增资项目 502 个，合计新增中方协议投资 282.8 亿美元；中方实际对外直接投资 229.6 亿美元，比上年增长了 94.3%；对外工程承包全年累计新签合同 219.9 亿美元，增长 6.1%。

1. 涌现一批有国际竞争力的跨国企业

在国家提出的“走出去”战略的引导下，“十二五”以来，境外投资为广东拓宽国际市场、优化产能配置、获取境外要素资源、提升研发技术水平和直接参与国际竞争与合作发挥了积极作用。涌现出一批能够参与国际竞争的本土跨国集团，通过整合国外先进技术，推动广东产业转型升级。

党的十八大以来，广东对外经济发展不断升级，一批敢于“走出去”的广东企业通过对上下游产业链的投资，从最初利用香港、澳门的便利，设立贸易公司开展接单业务，到直接在海外投资、股权置换、跨国并购等，形成了多种投资方式共同发展的局势。这些企业已经在全球范围内进行产业整合，逐步从产业链的参与者向主导者转变，成为引领产业发展的世界龙头企业。美国《财富》杂志公布的 2017 年世界 500 强企业中，广东占据了 11 席，分别为中国平安、华为、南方电网、正威国际、招商银行、广汽集团、万科、恒大、美的、碧桂园和腾讯。

高端装备制造业“走出去”的步伐不断加快。华为、中兴已经迈入世界一流通信企业的行列。广东通信企业之所以顺利“走出去”，得益于国家“一带一路”建设的实施，通过与苹果手机等高端品牌的隔代发展，创造自己特有的品牌与适应市场的品质和特色功能，以华为、中兴、海能达为首的通信企业带动广东计算机通信装备加快走向非洲、东南亚、东欧、拉美等市场；广东的家用电器企业也紧跟“一带一路”倡议，在东盟等地投资设点，美的、TCL、格力等家电企业在东盟、南美等地的多个国家投资建厂；此外，中航通飞、中集集团、比亚迪、广汽集团分别在美国、泰国、俄罗斯投资并购设立了境外生产研发基地。

一批广东的民营企业通过“走出去”，开展跨国经营布局，比亚迪、巨轮、东方锆业、湛江华大、宜华木业等，逐渐发展成为广东当前国际化经营的佼佼者。总部位于深圳的中集集团收购英国 Retlan 集团，佛山东方精工参股意大利自动包装公司 Fosber 和欧洲 EDF 自动包装业企业，德奥通航收购瑞士 Mistral 航空发动机公司，珠海银通公司并购美国具有钛酸锂储能电池生产与研发技术的奥钛纳米科技公司，等等；众多广东企业通过海外并购，挺进全球价值链上游，提高了广东相关产业的国际竞争力。

2. 实现在资源和产业链上协同互补

广东的纺织、家电、建材等传统优势行业通过境外投资，在市场辐射广、劳动成本低的地区转移富余的产能，不仅掌握了原材料货源，而且在与欧美发达国家企业的博弈中，学习了先进的管理技术，很好地实现了与国内产业在资源和产业链上的协同互补。例如，广东的纺织服装企业配合“一带一路”倡议，在非洲埃塞俄比亚的工业区投资设立纺织纤维原料生产基地和服装厂，到越南、柬埔寨等劳动力资源丰富的地区开展服装加工园区，到意大利等人才资源丰富的地区建立设计室，等等。广东企业通过有效地整合境外先进技术、人才、渠道、品牌等资源，提升相关产业的国际竞争地位。使得占有传统优势的广东产业得以在面对国内成本上涨和产能过剩的问题时，将部分国内优势产能转移到境外，实现了产业链价值的最大化。

广东的电器行业已经在全球具有竞争优势，但是，如何实现广东电器在全球各地的本地化？美的集团分别采取直接投资、合资合作、兼并收购等方式，在越南、白俄罗斯、埃及、巴西、阿根廷、印度等国先后建立起 7 个生产基地，在全球设立 60 多个海外分支机构，形成辐射亚、欧、非、南美四大区域，网络遍布全球，产品远销 200 多个国家和地区的格局。目前美的出口额已占总销售额的 36%，海外自主品牌销售比提升到 27%。通过海外的扩张，不断创造海外的“美的”，使得美的品牌成为一个国际性的品牌。

3. 通过内外联动推动产业转型升级

依托制造业优势和庞大的市场空间，广东企业以收购，与海外企业开展技术、管理、品牌合作等方式，实现市场开拓、转型升级。美的集团要约收购全球顶级机器人企业德国库卡，全面提速全球经营及转型发展步伐；万和与全球最大的民用采暖设备供应商博世合资研发生产热水产品，引入先进管理理念和开阔全球化视野；嘉腾与瑞典 Kollmorgen，利迅达与瑞士 ABB、意大利柯马等全球著名智能制造商分别签订战略合作协议。广东民营龙头企业的对外经济合作，起到了良好的带头作用。

从企业自身出发，当前世界经济深度调整，区域经济合作不断加强，投资便利化的进程在加快，全球供应链、产业链、价值链加速重构，任何一家企业都直接或间接地融入到全球产业分工的体系之中，必须通过“走出去”，在全球范围内优化资源配置。通过“走出去”，企业可以规避贸易壁垒，获取相对稳定的市场份额；开展海外并购，获取先进技术和产品，进而推动国内产业的转型升级。

（三）广东企业“走出去”的新趋势

世界银行在2018年《全球经济展望》中表示，在投资恢复、制造业回暖以及全球贸易稳步增长的带动下，2017年全球经济已经走向复苏，其中，东亚和太平洋地区对2017年全球经济增速的贡献率超过1/3，大部分贡献是来自中国。专家认为，中国对全球经济的贡献有目共睹，是全方位的。随着中国经济实力的不断增强，越来越多的中国企业“走出去”。中国海外直接投资数额逐年增加，是世界经济前行的火车头。与此同时，中国与世界各个市场的贸易额巨大，中国庞大的市场吸收了全球大量的商品，也吸引了世界各地希望通过与中国企业的合作，搭上中国经济发展的“快车”。广东作为中国对外经济发展“排头兵”，从2016年以来，对外投资合作呈现出以下的趋势：

1. 实现海外布局与国外产业互补

党的十八大以来，广东纺织、轻工、家电等传统优势产业，面临国内劳动力成本上升、国内市场饱和、国外贸易保护加剧等多重压力，加快将加工组装环节向劳动力资源丰富、生产成本低、市场潜力大、投资环境相对稳定的“一带一路”沿线国家转移，实现海外布局与国内产业协同互补。加快到欧美发达国家布局营销网络、售后服务、研发设计中心和品牌运营中心，将成为广东传统产业升级换代的动力。

2. 装备制造业投资重点指向研发领域

“走出去”拓展境外销售网点、获取境外核心技术成为广东装备制造业转型升级的新选择。北美和欧洲是全球研发中心和科技中心，如何进入这些具有引领性的设计中心，是目前广东优势型装备制造业企业的发展方向；当前，欧美的产业结构调整正在加速，一般制造业陆续对外转让资产，对中国企业的准入限制也开始有所放松，为广东企业赴欧美投资并购先进技术企业提供了机遇。广东企业到欧美开展并购踊跃。

3. 新兴产业赴北美开展“技术回流型”投资

由于美国对外贸易政策的改变，过去这种美国研发，亚洲代工，回销美国的产业路径已经断裂。美国创新资源高度集聚，技术密集型产业非常发达，广东生物医药、生物检测、医疗器械龙头企业将扎堆赴北美投资。通过企业并购，设立研发中心和生产基地，将成为广东企业“走出去”的新趋势。广东的新能源领域、新材料、智能制造等产业将赴北美以投资并购为主的方式，在海外获取技术、品牌、供应链、销售网络等战略资产，并将技术资源引入国内，提高国内产业链的技术水平。

4. 赴“一带一路”建设资源开发和加工基地

广东的特色海洋农业，支撑了广东特色的饮食，这种特色饮食，在全国，乃至世界都是高端的饮食潮流。由于广东特色海洋农业资源的过度开发，价格上升很快，使得广东的农业技术优势突出。当前，“一带一路”沿线国家对我国农业机械、海水养殖、设施农业等产品和技术都有强烈的需求。组织广东企业在“一带一路”沿线国家投资海洋农业，尤其是在面临南中国海的国家和地区投资海产养殖业，将有利于供应全国各地的“粤式饮食产业”。

5. 房地产行业挺进“一带一路”

当前，“一带一路”沿线国家多为发展中国家，发展水平低于我国，房地产市场也处于待开发的状态。配合“一带一路”倡议，以及应马来西亚、印度尼西亚、印度、斯里兰卡等国家的邀请，广东企业积极参与当地智慧城市建设。例如碧桂园在马来西亚建设海外智慧城市项目，计划 20 年内投资 2500 亿元人民币，项目地处新加坡与马来西亚新山的交界地带，通过发挥地理位置优势，起到桥梁和纽带的作用，帮助整个马来西亚伊斯干达特区加深与新加坡的产业合作，从而促进“新加坡—伊斯干达”大都市圈的形成。该项目已经列为广东“一带一路”建设的十大标志性项目之一。与此同时，恒大地产等也积极进军柬埔寨楼市，促进当地“中国城”的形成。

（四）打造广东企业“走出去”的新平台

1. 跨境电商成为广东企业“走出去”的新平台

中国是全球消费品的出口大国，同时也是电子商务发展最为迅速的国家之一，中国卖家是全球跨境电商领域里最活跃的群体。根据 eBay 的统计，中国卖家的产品销往全球 220 多个国家和地区，平均出口目的地国家和地区达到 63 个，为全球各国出口电商之首。广东的跨境电商规模位居全国第一，2017 年广东跨境电子商务进出口额达到 441.9 亿元，占全省进出口总额的 43.9%。从广东跨境电商的国别方向来看，广东正在从传统的以东南亚为主的市场，沿“一带一路”向非洲地区迅速扩张。凭借在东南亚地区广泛的华侨资源，广东民营企业成为跨境电商，这种“借船出海”的主力军，也成为广东扩大进出口业务的新业态。

东南亚地区是近年来中国电商平台迅速布局的主要方向。东盟十国包括马来西亚、印度尼西亚、泰国、菲律宾、新加坡、文莱、越南、老挝、缅甸和柬埔寨，总面积 447.9 万平方公里，人口在 6 亿左右。除了新加坡，其经济发展状况与广东 2000—2008 年的经济发展状况类似，是一个扩大广东中、低端消费性产品销售的巨大市场。同时，东南亚地区的自然资源和环保型产品，例如橡胶木制品和乳胶床垫等产业，以及种类繁多的热带水果、丰富的海产品，又成为广东消费的热评对象。为此，开拓东南亚地区的跨境电商，已经成为广东企业“走出去”的新平台。

东南亚地区的跨境电商平台已经进入竞争“白炽化”。阿里巴巴将设立东盟十国电商网络视为企业发展的主攻方向。2016 年 4 月向 Lazada 注资 10 亿美元并获得控股权，之后的两次注资，使得阿里巴巴在 Lazada 电商平台的投入高达 40 亿美元。Lazada 于 2012 年由德国创业孵化器 Rocket Internet 创立的东南亚最大电商平台，总部设在新加坡。业务范围覆盖印度尼西亚、马来西亚、菲律宾、新加坡、泰国和越南 6 个东南亚国家；拥有超过 145000 家本地和国际卖家，以及 3000 多个品牌。阿里巴巴借此一举拿下了 6 个东南亚国家的电子商务市场，尤其是印度尼西亚和菲律宾市场。阿里巴巴计划让 Lazada 按照天猫的模式发展，华为手机、森马服饰、骆驼服饰、QCY 蓝牙耳机、小狗电器等中国品牌目前均已入驻 Lazada。在阿里巴巴的促进下，蚂蚁金服也在加速进军东南亚的步伐，支付宝跨境线下业务目前也已经遍布新加坡、泰国、马来西亚、印度尼西亚、柬埔寨、越南等国家，使得电商支付逐渐成为这些国家年青一代的生活方式。

2015 年开始，腾讯也在东南亚地区加大了电子商务和支付方面的渗透力度。腾讯两度注资东南亚最大互联网公司 Garena，使之成为“东南亚版腾讯”，通过 Garena 旗下的移动电商平台 Shopee、在线支付平台 AirPay 以及社交应用软件 Beetalk，将腾讯的电子商务迅速覆盖了新加坡、马来西亚、印度尼西亚、泰国、菲律宾、越南等市场。Shopee 在成立的第一年（2015 年）其成交总额（GMV）达到 18 亿美元，超过竞争对手 Lazada 的 13 亿美元。

京东打算以东南亚人口大国印度尼西亚为据点，慢慢扩散开来。京东在 2015 年 11 月也成立了京东印尼站，主要采用类似于国内的 B2C 模式运行，并在印度尼西亚的雅加达、泗水和坤甸三地设立了仓库，还投资拥有一家 Jaya Ekspres Transindo 物流公司。之后，京东加大了在印度尼西亚的投资力度，打造了一个“印度尼西亚版淘宝” Tokopedia。可见，在东南亚这块有待开垦的电商土地上，京东已经不再坚持自营 B2C 了。

在 2016 年 5 月，百度钱包进驻泰国。百度钱包将百度旗下的产品及海量商户与广大用户直接“连接”，提供超级转账、付款、缴费、充值等支付服务，并全面打通 O2O 生活消费领域。百度钱包落户泰国的主要目的是针对中国游客而非当地居民。据泰国旅游与体育部数据，2016 年泰国入境游客人次和旅游收入均较上年明显增加，其中来自中国内地的游客数量达到 877 万人次，为泰国带来约 856 亿元人民币的收入。

大品牌的中国电商网络平台深耕东南亚市场，必然带动那些在东南亚地区有千丝万缕关系的广东中小企业，开设面对东南亚市场的“网店”，这些“网店”将成为广东产品外销的新动向。电商交易不存在出口订单问题，企业通常是将产品运送到电商提供的海外保税仓，然后依据电商平台订货单实现本地发货。目前广东企业在海外进行电商销售的惯常做法是，寻找一家海外销售商订货，获得出口贷款，生产出产品后，出口给这家海外销售商；然后由海外销售商再在电商平台上架销售，销售获益为海外销售商所得。如果要剔除海外销售商这个中间环节，则广东必须在东南亚地区建立电商保税仓，设立具有信用的发货与售后服务基地。这一点上便涉及境外园区建设问题了。

2. 境外产业园区成为广东企业“走出去”的新方向

境外经济贸易合作区，简称“境外产业园区”，是指在国家统筹指导下，以特定国家为产业合作目标，根据该国产业转移趋势和投资意向偏好，国内企业在境外建设的或参与建设的加工区、工业园区、科技产业园区等，园区内基础设施建设和生活配套较为完善、主导产业明确、公共服务功能健全、产业链较为完整、辐射和带动能力强。合作区将吸收中国、所在国或其他国家企业入区投资发展，推动双边和多边投资合作，促进当地经济发展。就目前经济发展情况而言，境外经济贸易合作区是广东实施“走出去”战略的一条重要途径，它的启动和发展满足了广东企业国际化发展阶段的需要，有利于缓解贸易摩擦，推进外贸增长方式转变，加快优势产业的国际化进程，将成为广东企业对外投资的新平台和“加速器”，拥有良好的发展前景。截至 2017 年底，中国企业在全球建立境外经济贸易合作区 99 家，累计投资 307 亿美元，入区企业 4364 家，同时为东道国创造就业 25.8 万个，当年的新增投资则高达 57.9 亿美元。其中，广东拥有尼日利亚广东经济贸易合作区、越南中国（深圳—海防）经贸合作区、白俄罗斯中白（广东）光电科技产业园 3 个国家级境外经济贸易合作区。

境外产业园区日益成为广东企业“走出去”新的发展方向。广东实施“走出去”的战略已经迈入了 3.0 版本阶段。如果说 1.0 版本是广东产品“走出去”，2.0 版本是广东企业“走出去”投资，那么目前的 3.0 版本，就是广东企业抱团

“走出去”，到海外园区投资，正成为海外创业的新业态。越来越多的广东民营企业成为“走出去”的主力军，特别是自2014年商务部修订出台新的《境外投资管理办法》，改核准制为以备案制为主、核准制为辅的管理方式，大大激发民营企业的对外投资积极性。然而民营企业常常面临着对海外业务缺乏经验、对当地法律法规以及文化缺乏了解等诸多困境。境外产业园区拥有政府提供的优惠政策，能够打造较好的软硬件环境，不仅降低了民营企业“走出去”的风险与成本，促进民营企业在海外集聚发展，更为东道国增加就业、扩大出口创汇、加快工业化进程发挥了重要作用。

积极参与国家的境外产业园区项目，是广东企业境外投资的一大特色。例如，在中国—白俄罗斯工业园中规划的中白（广东）光电科技产业园成为广东企业进军东欧市场的一个重要通道，目前已经吸引了数十家光电科技企业前往投资设厂。在非洲的埃塞俄比亚广东工业园则大量转移了广东的纺织、服装、制鞋等劳动密集型产业，既解决了当地的就业问题，也帮助广东转移了剩余的产能。

创办有广东特色的境外产业园区，也已成为广东工业园的一大特色。2015年4月，埃塞俄比亚中国东莞华坚国际轻工业园奠基，该园区占地面积126公顷，总投资32亿元人民币，包括产业区、公寓住宅区、商务办公区、商业街区等九大片区，将于2020年建成，将为埃塞俄比亚提供3万到5万个就业岗位。华坚国际轻工业园已经吸引了数十家东莞、惠州和台湾企业等入驻，并被中央电视台《厉害了，我的国》广泛报道。2016年底动工的越南中国（深圳—海防）经贸合作区，是国家重点扶持建设的19个境外经贸合作区之一，是深圳服务“一带一路”的重点项目，也是深圳市属国资首个境外产业园区。园区的目标是将合作区建设成中越产能合作的重要载体和深圳推进“一带一路”建设的示范性工程。重点引进能够代表中国制造、深圳智造的科技型制造企业，引导“走出去”企业构建“深圳总部 + 越南工厂”的产能转移模式。

境外园区的建设，有利于促进中国与“一带一路”沿线国家之间的政策沟通、设施联通、贸易畅通、资金融通、民心相通，是实现“一带一路”倡议的重要路径，也是推进国际产能合作的重要平台。

3. 在北美投资成为广东企业“走出去”的新亮点

近些年，经济全球化与区域经济集团化成为世界经济发展的两大趋势。2017 年，美国第 45 任总统唐纳德 · 特朗普上台，推行了一系列的新孤立主义经济政策，先后正式宣布美国退出跨太平洋伙伴关系协定（TPP）、巴黎气候变化协定等国际组织。2017 年底开始，美国进行一系列的减税、加息和缩表，以及推行有针对性的惩罚性关税等违反 WTO 原则的经济改革，广东的出口环境不断恶化。

2008 年以来，美国制造业的外移，使得广东许许多多民营企业成为美资大厂的元部件配套企业。例如，通用和福特汽车在中国设厂，并在广东大量采购汽车零部件，使得广东建立起了庞大的汽车零部件配套产业链，广东的零部件不仅供应给在中国国内的合资车厂，而且大量出口，配套美国本土的汽车产业。虽然特朗普政府给予有利的税务优惠，美国制造商也不可能立即放弃现有的海外配套产业链，在美国重新搞一个成本不合算的配套产业链。不过，中高端的配套产业链从墨西哥回调美国本土已经成为事实。为此，广东应鼓励汽车工业集群到美国俄亥俄州中、东部汽车配套产业比较集中的区域，建立研发、配套生产和销售基地，通过就地接单，绕过中间商，直接享受美国政府鼓励发展中低端汽车工业的“红利”。

另一个需要尽快升级换代的是广东具有竞争力的建材产业。广东建材产业年耗标准煤达3000万吨以上，约占全省能源消耗的1/5。面对着碳交易价格上升，广东建材产业，尤其是佛山的建筑陶瓷业，已遇到了淘汰落后产能、节能减排，降低生产成本等问题。2017年6月，特朗普宣布退出巴黎气候变化协定，其目的就是为了给美国的能源工业，尤其是煤炭工业留下发展的空间，使得美国成为碳交易的“法外之地”。广东的建材产业能否抓住这个机遇在美国投资设厂，是考验能否抓住特朗普政府即将实施的“千亿美元”基建工程的机遇。2016年，广东唯美集团在美国田纳西州的莱巴嫩市（Lebanon）投资1.5亿美元建成一座占地4.6万平方米的工厂，这是广东建筑陶瓷品牌进军美国的第一家，也表明了广东建筑陶瓷海外投资的决心。

参考文献

1. 林毅夫：《“一带一路”2.0：中国引领下的丝路新格局》，浙江大学出版社2018年版。

2. 王义桅：《“一带一路”：机遇与挑战》，人民出版社2015年版。

3. 邢厚媛：《全面开放新格局路径与动力》，《瞭望》2017年第44期。

4. 董彪、李仁玉：《我国法治化国际化营商环境建设研究——基于〈营商环境报告〉的分析》，《商业经济研究》2016年第13期。

5. 广东省工商局：《深化商事制度改革，优化广东营商环境》，《同舟共进》2017年第12期。

6. 王娟娟等：《“一带一路”重点区域省际地缘经济关系研究》，《河北学刊》2017年第4期。

7. 谢许潭：《借鉴与合作：粤港澳大湾区与世界知名湾区的互动新态势分析》，《城市观察》2018年第1期。

8. 汪行东、鲁志国：《粤港澳大湾区城市群空间结构研究：从单中心到多中心》，《岭南学刊》2017年第5期。

9. 林先扬：《粤港澳大湾区城市群经济外向拓展及其空间支持系统构建》，《岭南学刊》2017年第4期。

10. 陈忠：《城市社会：文明多样性与命运共同体》，《中国社会科学》2017年第1期。

11. 陈俞飞：《国外自由贸易园区发展经验及启示》，《对外经贸实务》2016 年第 6 期。

12. 周迎洁、刘小军、过晓颖：《中国自贸区服务业开放制度创新研究——基于迪拜、新加坡经验的启示》，《当代经济》2016 年第 1 期。

13. 汪洋：《推动形成全面开放新格局》，《人民日报》2017 年 11 月 10 日。

14. 曹方超：《统筹国内国际两个大局　推动形成全面开放新格局》，《中国经济时报》2017 年 10 月 24 日。

15. 《"一带一路"战略引领广东开放合作新格局》，《南方日报》2015 年 6 月 20 日。

16. 何立胜：《营商环境既是竞争力又是生产力》，《河南日报》2018 年 3 月 5 日。

17. 梁育民：《加大制度创新力度，助力粤港澳服务贸易发展》，《亚太经济时报》2017 年 11 月 14 日。

18. 《广东省人民政府印发〈广东省加快发展服务贸易行动计划〉》，《羊城晚报》2015 年 12 月 17 日。

19. 杜弘禹：《广东制定服务贸易强省路线图　2020 年服务进出口额将超 2000 亿美元》，《21 世纪经济报道》2015 年 12 月 22 日。

20. 丘杉：《探索自由贸易港　打造广东开放新高地》，《羊城晚报》2017 年 10 月 31 日。

21. 毕淑娟：《自贸区自贸港横空出世海南打造开放新高地》，《中国联合商报》2018 年 4 月 24 日。

22. 《走出去！广东企业进军全球价值链上游》，《南方日报》2016 年 6 月 22 日。

23. 广东省商务厅：《广东对外经济贸易发展研究报告（2016—2017）》。

后　记

习近平总书记参加十三届全国人大一次会议广东代表团审议时强调，广东既是展示我国改革开放成就的重要窗口，也是国际社会观察我国改革开放的重要窗口，广东要在构建推动经济高质量发展的体制机制、建设现代化经济体系、形成全面开放新格局、营造共建共治共享社会治理格局上走在全国前列。为深入学习贯彻党的十九大精神，奋力推动习近平新时代中国特色社会主义思想在广东落地生根、结出丰硕成果，广东省社会科学院与广东人民出版社共同组织编写《“四个走在全国前列”系列学习读本》丛书。

广东省社会科学院党组对编写工作非常重视，中共广东省委宣传部副部长、广东省社会科学院党组书记蒋斌同志，党组副书记、院长王珺同志亲自担任丛书主编，对丛书的编写和出版工作给予精心指导。党组成员、副院长刘小敏、周薇、章扬定、赵细康、袁俊同志多次组织并参与编写组专门会议，商定丛书编写工作。广东省出版集团、南方出版传媒和广东人民出版社领导也对编写出版工作给予高度重视和大力支持，选派精干编辑队伍，对编写全过程予以协助。

《“四个走在全国前列”系列学习读本》丛书由广东省习近平新时代中国特色社会主义思想研究中心和广东省社会科

学院科研处统筹协调，相关研究部门的专家学者执笔编写，是集体智慧和心血的凝聚。丛书共分为 4 册，具体为：《跨越关口——在构建推动经济高质量发展的体制机制上走在全国前列》《引领潮流——在建设现代化经济体系上走在全国前列》《内外联动——在形成全面开放新格局上走在全国前列》《长治久安——在营造共建共治共享社会治理格局上走在全国前列》。本丛书以习近平新时代中国特色社会主义思想为指导，紧紧围绕广东历史基础与发展实际，对习近平总书记在参加十三届全国人大一次会议广东代表团审议时的重要讲话精神和“四个走在全国前列”的精神实质进行深入细致的研究，系统论述习近平新时代中国特色社会主义思想在广东具体化的理论逻辑和实践逻辑，探讨广东更好地完成“四个走在全国前列”光荣历史性任务的发展路径与思路对策。

《内外联动——在形成全面开放新格局上走在全国前列》是广东省社会科学院国际经济研究所（港澳台研究中心）的集体著作，由副所长梁育民研究员、所长丘杉研究员共同主编。绪言由副所长邓江年研究员执笔，第一章“广东在形成全面开放格局上走在全国前列的基础与短板”由郭楚研究员、李永明助理研究员共同执笔，第二章“建设市场化法治化国际化营商环境”由所长助理左晓安副研究员执笔，第三章“加快服务贸易的自由化与便利化”由余欣助理研究员执笔，第四章“发展国际贸易新业态新模式”由郭楚研究员执笔，第五章“积极参与‘一带一路’建设”由国际贸易专业在读研究生邱雪情、副所长梁育民研究员共同执笔，第六章“推进粤港澳大湾区与世界级城市群建设”由谢许潭副研究员执笔，第七章“建好自由贸易试验区与探索建设自由贸易港”

由丘杉研究员、黄霓副研究员共同执笔，第八章“创新对外投资方式”由吴天青助理研究员执笔。另外，梁宇红高级会计师、全玲艳助理馆员与胡少莉同志也为本书的出版、资料收集等工作作出了贡献。

在本书策划、编写和出版过程中，中共广东省委宣传部、广东省新闻出版广电局给予了大力支持和具体指导，广东人民出版社总编辑钟永宁和政治读物编辑室的同志付出了大量的心血和劳动，在此表示衷心感谢！

由于编写时间有限，加上撰稿者理论素养、政策水平和实践经验不足，书中或有疏漏和不当之处，敬请各位读者批评指正。

本书编写组

2018 年 5 月 9 日